주라
그리하면
채우리라

주라, 그리하면 채우리라

© 생명의말씀사 2019

2019년 1월 10일 1판 1쇄 발행
2019년 2월 19일   8쇄 발행

펴낸이 | 김재권
펴낸곳 | 생명의말씀사

등록 | 1962. 1. 10. No.300-1962-1
주소 | 서울시 종로구 경희궁1길 5-9(03176)
전화 | 02)738-6555(본사) · 02)3159-7979(영업)
팩스 | 02)739-3824(본사) · 080-022-8585(영업)

지은이 | 전광

기획편집 | 유선영, 서지연, 최은용
디자인 | 김혜진, 윤보람
인쇄 | 영진문원
제본 | 정문바인텍

ISBN 978-89-04-16651-0 (03230)

저작권자의 허락없이 이 책의 일부 또는 전체를
무단 복제, 전재, 발췌하면 저작권법에 의해 처벌을 받습니다.

핑퐁 선교사 양영자,
그녀의 삶과 신앙

주라, 그리하면 채우리라

추천사

2.7그램의 작은 공에
하나님의 사랑을 싣고…

　　　　　　　이 책의 주인공인 양영자 선교사님은 아직도 '국가대표 선수'로 더 친숙한 분이지요. 벌써 30년이 훌쩍 지난 1988년 서울올림픽에서의 그녀 모습은 저를 포함한 대다수 국민들에게 각인된 명장면일 것 같습니다. 현정화 선수와 함께 손에 땀을 쥐게 했던 탁구 복식 결승전에서 수많은 눈은 탁구대와 네트를 넘나드는 2.7그램의 작고 가벼운 흰 공을 따라 움직였습니다.

　치열한 공방이 끝나고 마침내 승부를 가린 포인트를 찍었을 때, 지켜보던 이들이 터뜨린 우레와 같은 함성이 지금도 생생합니다. 올림픽 전부터 이미 이름을 알렸던 양영자 선수였지만 금메달을 거머쥔 여느 선수들처럼 의기양양하거나 마음껏 승리를 만끽하기보다는 함께 고생한 현정화 선수를 힘껏 안아주고 미소를 짓다가 다시 담담해지던 표정이 머릿속에 남아있습니다.

　그렇게 한동안 탁구계를 누비던 양영자 선수가 언제부터 우리 시야에서 멀어졌는지는 잘 모르겠지만 대중의 관심을 떠나 그녀가 몰두한 것은 바로 선교였습니다. 오직 복음을 위해 그녀가 누릴 수 있는 모든 영광과 안락함을 내려놓고, 마르고 거친 흙먼지 날리는 몽골의 내지, 복음이 닿기 힘든 오지로 들어가 조용히 자신의 사명을 감당하고 있었습니다.

그리고 다시 고국으로 돌아와 오랫동안 꿈꿔왔던 또 하나의 비전, 어린 꿈나무들을 훈련하는 일과 전도와 나눔의 삶을 살고 있습니다. 분당우리교회에서도 몇 년 전, 양 선교사님을 모시고 집회를 한 적이 있는데 그녀가 진정 주는 삶을 통해 다시 채우심의 은혜를 맛보며 살고 있다는 것을 보았습니다. 맑디맑은 영혼을 마주할 때마다 하나님의 오묘한 섭리, 그 인도하심을 찬양하게 됩니다.

양 선교사님의 진솔한 삶을 베스트셀러 작가인 전광 목사님의 글을 통해 만나는 것 또한 기쁨이 아닐 수 없습니다. 그동안 링컨과 존 워너메이커와 같은 위대한 신앙인들의 발자취를 소개했던 전광 목사님이 양 선교사님과 탁구로 맺은 인연으로 함께 이 책을 빚게 되었다지요. 모쪼록 양 선교사님의 귀한 삶과 신앙을 담은 이 책이 한국 교회와 성도들을 섬기는 일에 귀하고 아름답게 사용되기를 바랍니다.

분당우리교회 이찬수 목사

contents

추천사 • 4

프롤로그 : 고비 사막, 그 땅끝에 서서 • 10

01

늘 상처투성이였던 라켓, 하나님을 만나다

01 지는 것을 몹시 싫어했던 어느 소녀의 자화상	• 18
02 경쟁심이 만든 집념	• 24
03 국가대표 선수로 태극마크를 달다	• 30
04 팔목 통증이 인도한 신앙의 길	• 36
05 나 중심에서 하나님 중심으로	• 42
06 간염의 역습을 당하고 국가대표에서 탈락하다	• 45

02

영광과 그림자의 날들, 올림픽 금메달리스트가 되다

- 01 천적과의 잊을 수 없는 경기 · 54
- 02 꿈에 그리던 올림픽 금메달리스트가 되다 · 60
- 03 마지막 소원을 안 들어주신 이유 · 68
- 04 나의 영원한 멘토, 이에리사 선생님 · 75
- 05 나를 가장 빛나는 별이 되게 해준 현정화 · 79
- 06 함께 멍에를 질 수 없었던 첫사랑 · 87

03

지긋지긋했던 우울증, 절망 속에서 만난 평생 인연

- 01 은퇴, 그리고 어머니의 죽음 · 94
- 02 내 마음속의 쓴 뿌리 · 100
- 03 우울증 가운데 비췬 말씀의 빛 · 106
- 05 인도네시아에서 만난 평생 인연 · 110
- 06 삶의 빛이 되어준 남편 · 120
- 07 세 명의 권사님과 나의 우울증 이야기 · 128

04

안녕,
나의 사랑 몽골

01 남편이 선교사로 헌신하다	•	138
02 주라, 그리하면 채우리라	•	142
03 몽골어 공부와 문화 충격	•	145
04 안면마비와 향수병	•	154
05 생산드마을의 교인들	•	160
06 몽골인 할장 코치가 회심하다	•	165
07 남편 이영철 선교사의 몽골 성경 번역 이야기	•	170
08 네이멍구에서 만난 조선족 김 사장님과의 인연	•	180
09 은혜와 시은이를 한국에 데려오다	•	185
10 선교지에서의 자녀 교육	•	193

05

나의 마지막 꿈,
양 날개로 날다

01 마침내 한국 땅으로 돌아오다 • 204
02 나에게 준비된 일자리 • 209
03 얼떨결에 SBS TV 탁구 해설위원이 되다 • 215
04 미래의 꿈나무들과 함께하다 • 219
05 탁구로 받은 사랑, 탁구로 나누어 주는 삶 • 225
06 소외된 이웃들과 함께하는 탁구 • 231
07 내 인생의 선물, 채워주시는 하나님의 은혜 • 235

양영자가 걸어온 길 • 244

프롤로그

고비 사막,
그 땅끝에 서서

> 사막이 아름다운 것은 어딘가에
> 샘이 숨겨져 있기 때문이다.
> _ **생텍쥐페리**

고비 사막의 바람 속에서는 늘 모래 냄새가 났다. 바싹 마르고 황폐한 냄새였다. 몽골의 피폐한 영혼처럼 죽음의 흔적이 깊게 드리워진 냄새였다. 황량한 고비 사막을 통과하며 자신의 모든 습기를 빼앗긴 바람은, 그 대신 모래를 잔뜩 짊어진 채 내가 살고 있는 생샨드마을로 들어왔다. 그리고는 늙고 지친 여행자가 오래된 배낭을 집어던지듯, 싣고 온 모든 모래 알갱이를 생샨드마을에 털어버렸다.

사막의 모래는 결핍의 상징이었다. 그곳에는 물도 없고 나무도 없고 꽃도 없고 어떤 생명도 느껴지지 않았다. 살아 있는 모든 것들이 뜨거운 열기 속에서 녹아내렸다.

이 열기는 겨울이면 정반대로 모든 것을 차갑게 동토의 땅으로 얼려버렸다. 여름이면 기온이 섭씨 40도가 넘게 달아올랐고, 겨울이면 영하

45도까지 내려가는 강추위가 달려들었다. 모든 것이 너무도 극단적이고 황량한 거친 세상이었다.

바람이 끌고 온 모래는 생샨드마을 후미진 곳들을 돌아 집안 구석구석으로 스며들어 창틀과 창문 사이로 뿌옇게 달라붙었고, 방바닥에 수북이 쌓인 모래를 밟을 때면 서걱 서걱 소리를 냈다. 집 안으로 밀려들어오는 모래를 막기 위해 창틀을 2중, 3중으로 막아보지만 어디서 밀려들어오는지 알 수 없는 검은 눈의 하얀 모래알들이 방 안을 뒤덮었다. 그 모래알들을 바라볼 때는 왠지 징그럽다는 생각과 가슴이 짓눌리는 먹먹함을 동시에 느끼곤 했다.

고비 사막에서 앞이 잘 보이지 않을 정도로 불어오는 캄캄한 모래 바람과 사투를 벌이는 날이면 나 역시 황무지 광야에서 갈피를 잡지 못하고 방황하며 그곳이 세상의 끝이라는 생각을 하곤 했다. 한 발자국도 움직일 수 없는, 더 이상 갈 곳이 없는 외로운 세상의 끝.

땅끝에서 주님을 맞으리 주께 드릴 열매 가득 안고
땅끝에서 주님을 뵈오리 주께 드릴 노래 가득 안고
- 〈땅끝에서〉 중에서

복음이 닿지 않는 곳, 생명의 씨앗이 아주 오래전에 메말라 붙어 버린 곳, 갈급한 영혼들이 마른 뼈처럼 하얗게 쌓이며 퇴화하는 곳, 바로 몽골 생샨드마을이었다.

몽골의 수도 울란바토르로부터 기차로 10시간, 북동쪽으로 450킬로미터 떨어진, 시간이 멈춘 듯 모든 것이 마냥 모래 속으로 가라앉는 사막의 도시 생샨드!

그곳에 우리 가족은 선교의 교두보를 마련했다. 남편 이영철 선교사와 함께 영국 선교단체 WEC에서 선교 훈련을 받고 들어간 첫 사역지였다.

미지의 땅을 밟는 설렘과 들뜬 마음은 잠시, 내 눈 앞에 펼쳐진 황량한 시골 잿빛 풍경과 앞이 보이지 않는 모래 바람은 긴장과 두려움의 연속이었다.

그래서일까. 그곳에서 나는 몹시도 아팠다. 안면마비로 얼굴 반쪽이 움직이지 않았다. 가만히 있어도 입은 저절로 벌어져 침이 흘렀고, 음식을 먹으면 절반은 입 안으로 들어가고 절반은 입 밖으로 흘러내렸다. 음식을 입에 넣고 씹어 삼키는 일이 이렇게도 힘들 줄이야.

내 육신은 고단하고 고통스러웠다. 지금 생각해보면 그때 나는 단순히 몸만 아팠던 것이 아니라 마음까지 아팠었다. 몸과 마음뿐 아니라 영혼까지 황량한 사막의 모래 바람처럼 갈피를 잡지 못하고 방황하며 이리 흔들리고 저리 흔들렸다.

나는 고국이 그리웠고, 고국의 맑은 하늘과 출렁이는 푸른 바다와 초록의 산과 나무들이 그리웠고, 고국의 따뜻한 언니 오빠들이 그리웠고, 교회의 목사님과 형제자매들이 그리웠고, 다정한 이웃과 오랜 벗들이 눈물 나게 그리웠다.

그리고 고국의 모든 것이 사무치게 그리운 만큼 생경한 몽골의 풍경과 이질적인 몽골의 문화가 낯설고 힘들기만 했다. 낙타나 말고기 외에는 먹을 것이 없고, 아무런 예고도 없이 불쑥 불쑥 찾아와서 방문을 열어젖히는가 하면 장화 같은 신발을 신고 거실로 들어와서는 깨끗한 바닥을 어지럽히는 사람들이 당황스러웠다.

그런가하면 약속 시간을 지키지 않는 일 정도는 아무렇지도 않게 생각하고, 남의 물건을 허락 없이 가져가고도 돌려주지 않는 그들을 이해할 수 없고 그저 싫기만 했다. 그 모든 것이 함께 어우러져서일까, 지독한 향수병이 찾아왔다. 몸과 영혼이 시름시름 아팠다. 꽤 오랜 시간을 앓았다. 병원을 다니며 약도 지어다 먹었지만 별 효과가 없었다. 마음에서 시작된 병이었기에 회복도 마음으로부터 와야 했다.

몽골 사람들의 하나님을 만나다

내 고통은 육체적인 질병 이전에 영적인 치료가 더 시급했다. 하나님 앞에 나의 총체적인 문제를 가지고 나아가 하나님을 만나고 어그러진 관계를 회복해서 현실을 인정하고 견딜 수 있는 힘을 공급받아야만 했다.

나는 그렇게 끙끙 앓으면서 '나의 하나님'을 다시 발견하고자 했다. 그 '하나님'은 이전에도 늘 나와 함께하셨던 하나님이었지만, 내가 세상 속에 파묻혀 방황하며 잠시 '잃어버린 나의 하나님'이기도 했다. 나는 몽골 고비 사막 한가운데서 그분을 새로 만나야 했다. 그리고 그분을 통해 내 사명을 새롭게 확인해야 했다.

"주님, 저는 이곳에서 제 한 몸도 추스를 수 없는
초라한 존재입니다.
이곳에서 저는 어떻게 해야 합니까?
주님, 이곳에서 제가 할 수 있는 일은 과연 무엇입니까?
주님, 저와 너무도 다른 저들을
연약한 제가 과연 섬길 수 있을까요?
주님, 이제 저는 더 이상 나갈 곳도 물러설 곳도 없습니다.
영적인 눈을 열어주셔서 저의 갈 바를 알려주소서."

주께서 주신 동산에 땀 흘리며 씨를 뿌리며
내 모든 삶을 드리리 날 사랑하시는 내 주님께
비바람 앞을 가리고 내 육체는 쇠잔해져도
내 모든 삶을 드리리 내 사모하는 내 주님께
- 〈땅끝에서〉 중에서

황량한 고비 사막 한가운데서 발견한 하나님은 결국 '몽골 사람들의 하나님'이었다. 내가 몽골 사람들을 사랑하고 복음을 전해야 할 이유도 바로 거기에 있었다. 나를 사랑하시는 하나님은 또한 몽골 사람들을 사랑하시는 하나님이었다.

처음 몽골 사람들에 대한 잘못된 인식과 편견, 그들을 제대로 알지도 못한 상황에서 성급하게 판단하고 오해한 것, 그것이 나를 옭아매고 힘들게 했다는 사실을 깨닫게 되었다. 오히려 몽골 사람들은 메마르고 황폐한 환경에서 살아가는 방법을 터득한 지혜로운 사람들이라는 사실을 지난한 세월을 겪으며 깨닫고 인정하게 되었다. 시간이 걸렸지만 얼마나 다행스러운 일인가.

그런 혹독한 각성 이후에야 나는 모든 것을 내려놓았고 그들과 함께 할 수 있었으며, 병들고 지친 몸과 마음, 그리고 영혼까지 서서히 나아지며 회복되었다. 그런 후에야 비로소 긴 세월을 몽골 생샨드마을에서 요동하지 않고 평안한 마음으로 나의 소명을 감당할 수 있었다.

01

늘 상처투성이었던
라켓,
하나님을 만나다

01

지는 것을 몹시 싫어했던
어느 소녀의 자화상

> 멈추지 말고 한 가지 목표에 매진하라.
> 그것이 성공의 비결이다.
> _ **안나 파블로바**

    나는 1964년 7월 6일 전북 익산에서 3남 3녀 중 막내로 태어났다. 부모님은 상업에 종사하셨고 덕분에 궁박하지 않고 경제적으로는 별 어려움이 없는 순탄한 유년 시절을 보냈다. 유년 시절과 관련해 특별한 기억은 많지 않지만, 당시를 떠올리면 고집스럽게 입을 앙다문 단발머리 여자애가 떠오른다. 어린 시절의 내 모습이다. 수줍은 미소 대신 완고할 정도로 고집스럽게 다문 그 아이의 입에서 느껴지는 것은 '경쟁심'이라는 단어가 가장 적절할 듯싶다. 그렇다. 나는 어렸을 때부터 지는 것을 몹시 싫어했다.

  한번은 이런 일이 있었다. 초등학교 저학년 때 나는 피아노학원과 화실을 다니고 있었다. 그러다가 초등학교 3학년 때 탁구를 시작하면서 화실을 그만둘 즈음 문구회사 모나미에서 개최한 어린이 미술대회에 참가하게 되었다.

이미 나는 2학년 때 모나미에서 개최한 어린이 미술대회에서 '놀이터'라는 작품으로 특선을 받아 세종문화회관에 나의 작품이 전시된 경험이 있었다. 이 일은 부모님과 학교의 자랑거리였고, 나 역시 대회에서 상을 받았을 때 기분이 하늘을 날 듯했다.

처음으로 서울에 올라가서 세종문화회관 시상대에도 서봤고, 우리 학교에서도 전교생이 지켜보는 자리에서 교장선생님으로부터 상을 받았으니 내 어깨가 얼마나 으쓱했겠는가.

그런 상황에서 나는 3학년 때 다시 미술대회에 참가하여 입선을 하였고, 수상작들은 지난번과 동일하게 세종문화회관에 전시되었다.

그런데 나와 함께 화실을 다니던 이웃집 아이도 대회에 참가했는데, 그 아이가 특선을 받았다는 사실을 뒤늦게 알게 되었다.

나는 자존심이 무척 상했고, 내가 받은 상마저도 전혀 기쁘지 않았다. 탁구를 하느라 그림 수업을 받지 못했기 때문에 입선을 한 것으로 나름의 위안을 삼았었는데, 같은 화실을 다니는 친구가 특선을 받았다니 어린 나는 적잖은 충격을 받았던 것이다.

어린 마음에 그 아이가 특선을 한 것은 단지 내가 탁구를 배우느라 화실을 못 갔기 때문이지, 만약 화실을 꾸준히 나갔다면 특선은 틀림없이 내 차지였을 거라고 여겼던 것이다. 그래서 그날부터 나는 다시 화실을 나가기 시작했다. 그만큼 지기를 싫어했고 경쟁심이 강했던 나였다. 나의 이런 성격은 탁구를 하면서 강한 승부욕으로 탈바꿈되었다.

담임 선생님 권유로 시작한 탁구

내가 탁구를 시작한 것은 담임 선생님의 권유 때문이었다. 초등학교 3학년 때 학교 근처의 배산으로 소풍을 가서 점심 식사를 마치고 풍경화를 그리는 시간이었다.

이미 화실을 다니고 있던 나는 그림에 대해서는 다른 아이들보다 제법 안다고 생각해 얌전히 앉아 그림을 그리는 것에 그치지 않고 이리저리 돌아다니며 반 친구들 그림을 놓고 이러쿵저러쿵 아는 체를 했다.

그런 나를 주시하던 담임 선생님은 나를 '산만한 아이'로 오해(?)를 하시고 공부보다는 차라리 활동적인 운동을 하는 편이 더 적성에 맞겠다고 판단하셨나 보다. 선생님은 어머니에게 탁구를 권유하셨고, 결국 아버지의 허락을 얻어 학교 탁구부에 들어가게 되었다.

처음 탁구를 배울 때는 두 살 터울의 친오빠와 함께 시작했는데 오빠는 몸이 좀 약한 편이라 무리하게 탁구를 치고 온 날이면 코피를 쏟는 일이 잦았다. 아버지는 그런 오빠를 한동안 지켜보시다가 탁구를 그만두라고 하셨다. 결국 운동은 나 혼자 계속하게 되었다.

내가 탁구를 시작했던 1970년대는 사회적으로 여성에 대한 금기가 많던 시기였다. 운동만 해도 어르신들은 "여자가 얌전하지 못하게 무슨 운동이야, 현모양처로 살림이나 배우고 다소곳하게 살아야지!" 하며 인상을 찌푸리며 훈계를 하던 시절이었다.

그렇지만 한편으로 그 때는 여성에 대해 새로운 인식이 싹트는 시기이기도 했다. UN(국제연합기구)은 '여성의 날'을 제정하고 여성들의 적극적인 사회 참여와 스포츠를 권장하는 헌장을 발표하며 여성들의 권익과 사회참여 인식이 한층 높아가던 시점이었다.

더군다나 우리나라 여자 탁구의 선구자 이에리사와 정현숙 선수가 1973년 4월, 세계대회(사라예보) 단체전에서 우승을 해 전국적으로 탁구 열풍이 일어났고 나 또한 탁구에 큰 관심과 호기심을 갖게 되었다.
내가 탁구선수가 되기까지는 물심양면으로 도우신 어머니의 헌신적인 뒷바라지가 있었다. 당시는 모두가 가난한 시절이라 학교 차원에서 운동선수에 대한 지원을 기대하기가 어려웠다.

운동을 하고 싶으면 학생이 재정도 부담하고 탁구 라켓과 러버, 탁구화, 심지어 운동복까지 모든 필요한 장비를 스스로 마련해야만 했다. 그러다 보니 대부분 가난하고 열악한 환경에서 운동을 할 수밖에 없었는데, 그런 환경 속에서도 어머니는 내가 탁구를 하는 데 필요한 모든 경비와 탁구 장비들을 아낌없이 지원해 주셨다.

특히 탁구 라켓과 러버에 따라 경기의 승패가 좌우되는 일이 많아 선수들에게 탁구 라켓과 러버는 생명처럼 소중한 비밀병기 같은 것이다.
그런데 라켓과 러버도 본인 부담이라 비싼 라켓과 러버를 사용한다는 것은 여간 부담스러운 일이 아니었다. 그런데도 어머니는 남들보다 더 좋은 라켓과 러버를 사주셨다.
그뿐 아니라 탁구대회에 나갈 때면 어머니는 내 기분까지 맞춰주시며 좋은 성적을 내도록 운동화나 유니폼을 사주시는 등, 내가 오직 탁구에만 전념할 수 있도록 세심하게 신경을 써주셨다. 어머니는 내가 최고의 탁구선수가 되기를 간절히 바라셨다.

어머니의 이런 희생적인 수고와 사랑이 없었다면 탁구선수 양영자라는 이름은 존재하지 못했을 것이다.

잃었던 나의 분신, 탁구 라켓

중학교 1학년 때 탁구 라켓과 관련된 에피소드가 떠오른다. 1977년 11월 일어났던 이리역(지금의 익산역) 폭발사고 때 본능적으로 탁구 라켓에 대한 나의 애착이 얼마나 강했는지 확인했던 적이 있었다.

이 사건은 인천을 출발해 광주로 향하던 한국화약 주식회사의 화약을 실은 열차가 이리역(익산)에서 폭발한 사고로, 폭발 당시 열차 안에는 다이너마이트를 비롯한 각종 폭발물이 30톤이나 실려 있었다.

그 폭발로 이리역 구내에 깊이 15미터, 직경 30미터의 거대한 웅덩이가 생길 정도로 엄청난 대형 사고였다. 인명 피해 또한 막대해서 사상자의 숫자가 무려 1,400여 명이나 될 정도였다.

이리역 근처였던 우리 집 역시 큰 피해를 입었다. 가족 중에 다친 사람은 어머니뿐이었는데 유리 파편에 코를 다치셨다. 다른 식구들은 다행히 무사했지만 집은 거의 다 부서질 정도였다. 집안 곳곳은 넘어지고 깨진 살림살이들이 뒤엉켜 먼지를 뒤집어쓰고 있었다.

그 와중에 나는 본능적으로 탁구 라켓만은 반드시 찾아야 한다는 생각 하나로 집 안을 이리저리 돌아다녔다. 처참하게 부서지고 또 위험하기도 한 그 상황에서도 나는 오로지 라켓 생각뿐이었다. 드디어 한쪽 귀퉁이에 먼지가 수북이 쌓여 있는 선반 위에서 탁구 라켓을 발견한 나는 얼른 라켓을 집어 가슴에 품고는 집 밖으로 뛰쳐나왔다. 잃어버린 동전을 찾은 과부의 심정이 그러했을까? 나는 그 큰 사고의 현장 한 가운데에서도 그저 라켓을 찾았다는 안도감에 철없이 행복하기만 했다. 라켓은 '또 다른 나'였고 소중한 분신이었기 때문이다.

다음날, 나는 탁구 라켓을 손에 꽉 움켜쥐고 아침 일찍 학교에 갔다. 그런 큰 사고 직후였음에도 나는 순진하게 훈련을 할 생각이었던 것이다. 하지만 교실은 물론 체육관도 폭발사고 여파로 유리창들이 다 깨졌고 친구들은 그림자조차도 보이지 않았다. 학교에 휴교령이 내려진 사실을 뒤늦게야 알게 되었던 것이다. 그랬다. 탁구는 내게 그런 존재였다.

02

경쟁심이 만든
집념

> 누구나 마음속에 생각의 보석을 지니고 있다.
> 캐내지 않아 잠들어 있을 뿐이다.
> _ 이어령

                탁구는 한마디로 너무 재밌었다. 2.7그램의 작은 공이 녹색 테이블을 가로지르는 속도감이나, 녹색 테이블과 부딪치며 내는 맑고 경쾌한 소리를 듣노라면 기분이 좋아졌다. 모든 신경을 그 작은 공에 집중한 채 움직이다 보면 호흡은 가빠지고 이 세상에는 오직 흰 탁구공과 나만 존재하는 것 같은 느낌이 들었다.
  온 몸은 땀으로 흥건해지고 숨은 가빠오지만 마음은 한없이 가벼워졌다. 그것이 탁구였다. 내가 탁구를 처음 시작할 때만 해도 탁구가 내 삶에서 어떤 의미로 다가올지 예상하지 못했다.

  탁구를 처음 배우기 시작한 남성초등학교 내에서 나는 탁구를 꽤나 잘 치는 아이었다. 탁구를 배우는 속도가 누구보다 빨랐고 배운 것을 몸에 체득하여 경기를 풀어가는 감각도 남다른 편에 속했다.

탁구부에서 훈련을 한 지 2년 정도 지났을 때 '전국학생 종별 탁구선수권대회'에 출전하게 되었는데 그때 5, 6학년 연속으로 준우승을 차지했다. 비록 우승은 못했지만 탁구를 배운 기간이 짧은 나로서는 기대 이상의 성적이었고, 주목받는 어린 꿈나무로 세상에 내 이름 석 자 양영자를 알리는 계기가 되었다.

1977년 나는 남성초등학교를 졸업하고 이일여중으로 진학을 했는데, 초등학교 때보다 더 탁구에 전념했고, 탁구를 치면 칠수록 더 높이 날고 싶다는 욕망이 날로 자라갔다.

중학생이 되자 초등학교 때와는 다르게 탁구의 세계가 무궁무진하다는 것에 조금씩 눈이 열리게 되었다. 그리고 내가 이전에 알지 못했던 새로운 탁구 기술을 배울 때의 기쁨은 세상을 다 얻는 것 같은 성취감을 주었다. 탁구가 내 삶에 이렇게 깊숙이 들어와 자리를 잡고 나의 전부가 되리라고는 미처 예상하지 못했다.

내가 탁구에서 내 능력을 발견하고 자신감을 얻게 된 결정적인 계기는 중학교 2학년 때 '전국학생 종별 탁구선수권대회'에서였다.

처음 탁구를 시작했을 때 나를 이끌었던 단순한 욕구가 '이기고 싶다'는 열망이었다면 탁구를 계속하면서는 '이기고 싶다'에서 '반드시 이긴다'는 승부욕으로 더욱 견고해져 갔다. 비록 나이는 어렸지만 탁구에 대한 나의 집념은 단단했고, 그런 집념과 승부사 기질은 내가 약해져서 주저앉고 싶을 때에도 탁구를 지속할 수 있는 강한 원동력이 되었다.

나는 마음속으로 남과 같이 해서는 남 이상이 될 수 없다고 생각했다. 그래서 언제나 남보다 일찍 와서 남보다 한 번 더 연습을 해 보고, 남보다 더 늦게 마지막에 가려고 노력했다.

물론 승부욕에 너무 집착하다 보면 이성을 잃고 경기를 망칠 때가 있는데 나 또한 고쳐야 할 못된 버릇들이 있었다. 너무 강한 승부욕은 간혹 나의 감정을 자제하지 못하고 주변 사람들을 당황스럽게 할 때도 없지 않았다. 나의 이런 성격을 가장 잘 대변해주는 상징물이 바로 나의 탁구 라켓이다.

어렸을 때부터 내 라켓은 늘 흠집투성이로, 상처와 얼룩이 마치 훈장처럼 붙어있었다. 나는 연습이나 게임을 할 때, 경기가 내 뜻대로 잘 풀리지 않으면 분풀이를 라켓에 하곤 했다. 나도 모르게 라켓을 깨물거나 탁구대에 내리치거나 공중으로 집어던지는 못된 습관이 있었다.

공중에서 내려오는 라켓을 받지 못하게 되면 라켓은 땅바닥으로 곤두박질을 치고 깨지던지 상처가 생기든지 했다.

그래서 내 라켓은 마치 전쟁터의 부상병처럼 늘 상처를 달고 살았는데, 이기고 싶은 승부욕이 과해 뜻대로 탁구가 안 풀릴 때 나도 모르게 라켓에 화풀이를 하는 못된 습관 탓이었다.

나는 시간이 흐를수록 지나친 승부욕으로 인한 조급한 마음을 조절하기 위해 내 마음을 다스리는 훈련이 필요하다는 것을 깨닫기 시작했고, 이런 못된 버릇은 이기는 경기를 위해서 반드시 고쳐야 한다는 것을 뒤늦게 깨닫게 되었다.

"노하기를 더디하는 자는 용사보다 낫고 자기의 마음을 다스리는 자는 성을 빼앗는 자보다 나으니라"(잠 16:32).

이 성경 구절을 내 마음을 다스리는 소중한 말씀으로 간직하고 오늘까지 살아오고 있다. 말씀으로 마음을 다스리는 법을 알게 되기까지는 꽤 시간이 걸렸지만 탁구에 대한 열정만은 더욱 커져만 갔다.

이일여중 2학년 때, 나는 '전국학생 종별 탁구선수권대회'에 출선하게 되었는데, 그 대회에서 동년배들은 물론 3학년 선배들을 모두 제치고 중등부 개인 단식에서 우승을 차지했다.

그뿐만이 아니라 중고등부 종합 개인 단식에서도 기라성 같은 고등부 선배들을 차례로 물리치고 우승을 차지했다. 누구도 예상치 못한 결과였다. 탁구를 배운 지 5년 만에 그것도 중학교 2학년인 내가 고등부 선배들을 모두 물리치고 2관왕이 된 것이었다.

내 생애에 이런 놀라운 일이 일어났다는 것은 정말 꿈만 같은 일이었다. 나를 지도해 주셨던 이종학 코치님도 이런 일을 예상하지 못했던지 믿겨지지 않는다는 표정으로 너털웃음을 크게 웃으며 '장하다, 영자야. 장하다, 영자야!'를 연발하셨다. 내 어깨를 두드리며 마냥 좋아하시던 그 모습이 지금도 눈에 선하다.

국가대표를 꿈꾸다

나는 전국 대회에서 2관왕을 차지하며 여자 탁구의 샛별로, 한국 탁구의 새로운 기대주로 관심을 받게 되었다.

중학교 2학년 때 2관왕을 차지한 후부터 나는 국가대표의 꿈을 구체적으로 꾸기 시작했다. 아직은 모든 것이 미숙한 어린 선수였지만 탁구 선수라면 누구나 꿈꾸는 태극마크를 달고 국가대표 선수가 되어 이 나라를 빛내고 싶었다.

아직은 불확실한 미래이고 단지 꿈에 불과하지만 혼신의 노력으로 나의 온 몸을 불태운다면, 꿈은 분명 현실로 다가올 것을 의심하지 않았다. 그런 결심을 굳히는 순간 내 마음 속에는 마치 이전에 없던 불덩이가 들어온 것처럼 가슴이 뜨거워지는 것을 느낄 수 있었다.

중학교 3학년이 되어 처음으로 국제 대회 '캐나다 오픈 대회'에 참석하게 되었다. 전국 탁구대회에서 2관왕을 차지한 이후로 남녀 각각 유망주 2명씩을 대한탁구협회의 도움으로 출전한 경기였고 나로서는 첫 국제 대회였다.

그 당시는 해외로 나간다는 것이 쉽지 않을 때였다. 중동 파견 근로자들을 제외하면 소수의 특권층만이 해외여행의 자유를 누릴 수 있는 시대였다. 비행기를 타고 바다를 건너 머나먼 이국땅에서 탁구라는 이름으로 나와 다른 사람들을 만난다고 생각하니 신기하기도 하고 긴장도 되고 감회가 남달랐다.

그동안 국내 선수들의 탁구 경기만 관람하다가 외국 선수들의 경기를 관람하고 게임을 하면서 다양하고 기괴한 탁구의 세계를 경험하다 보니 참으로 놀라지 않을 수 없었다.

캐나다에 도착해서 느낀 첫 소감은 '참 아름답고 깨끗하고 친절히다'는 것이었다. '그동안 내 자신이 우물 안의 개구리였구나, 탁구뿐 아니라 인생에서 배워야 할 것들이 참으로 많구나.' 하는 생각이 들었다.

나는 첫 출전한 국제 대회 '캐나다 오픈 탁구대회'에서 개인전 준우승을 차지하고 사기가 충천하여 귀국했다. 얼굴과 말이 다른 성인들을 상대로 중학교 3학년짜리인 내가 국제 오픈 대회에서 좋은 성적을 거두고, 무엇보다 많은 경험을 쌓고 돌아올 수 있어 기뻤다.

'캐나다 오픈 탁구대회'는 국내에만 머물던 나의 탁구 시야를 세계를 향해 눈뜰 수 있는 기회를 주었고, 나의 탁구가 세계대회에서도 통한다는 것을 알려준 계기이기도 했다.

03

국가대표 선수로
태극마크를 달다

> 오랫동안 꿈을 그리는 사람은
> 마침내 그 꿈을 닮아간다.
> _ 앙드레 말로

　　　　　　　1981년 나는 드디어 태극마크를 달고 국가대표 탁구선수가 되었다. 이일여고 1학년 어린 나이에 꿈에 그리던 국가대표가 된 것이었다. 물론 쉽지 않은 일이었다.

　국가대표 선수가 된다는 것은 그 당시의 국가대표 선수들은 물론이고 실업 대표선수들까지 총망라해서 무수히 많은 선수들과 겨루어 승리해야만 가능하다는 의미였다. 그만큼 국가대표가 된다는 것은 하늘의 별을 따는 것과 같이 쉽지 않은 일이었다.

　그 당시는 탁구가 인기 종목이라 실업팀도 참 많을 때였다.
　제일모직, 대한항공, 외환은행, 동아건설, 한일은행, 신탁은행, 산업은행, 코카콜라 등 수많은 실업팀들이 우승을 목표로 밤낮 합숙 훈련을 하고 국가대표를 꿈꾸던 때에 고등학교 1학년 애송이가 국가대표가 된다는 것은 마치 계란을 들고 바위를 깨겠다고 덤비는 무모한 도전 같은 것이었다.

그렇지만 결국 나는 계란을 가지고 바위를 깼고, 고등학교 1학년 학생으로는 유일하게 국가대표 선수가 되어 꿈에 그리던 태극마크를 달고 '기흥 탁구 전용 선수촌'에 들어갔다.

기흥 선수촌은 국가대표 남녀 선수들만 머물며 훈련하는 그야말로 우리나라 탁구의 요람이었다.

기흥 선수촌은 내 마음의 고향이고 안식처다. 내 인생의 가장 소중한 추억을 만들어 준 장소가 기흥 선수촌이라는 것은 추호의 의심도 없다. 나는 이곳에서 10년 가까운 시간, 꽃다운 청춘을 마지막 땀 한 방울, 피 한 방울까지 아낌없이 쏟았고, 올림픽 금메달이라는 최고의 열매를 거두었다.

선수촌에 들어갈 때는 고등학교 1학년 막내로 아무것도 모르는 초년병으로 들어갔고, 나올 때는 최고참이었다. 말로 표현할 수 없는 아쉬움과 감회 속에 정이 듬뿍 담긴 선수촌 생활을 눈물로 마감했다. 그렇다. 기흥 선수촌은 기쁨과 눈물, 좌절과 절망, 아픔과 고통, 영광과 환희, 꿈과 희망 등 모든 것을 나에게 선물해준 장소였다.

이 선수촌은 최원석 전 동아그룹 회장이 대한탁구협회장을 맡았을 때 훈련장으로 사용했던 곳으로, 한국 탁구의 중흥기를 이끌었던 역사적인 장소였다.

나는 이런 추억이 서려있는 기흥 선수촌을 무척 좋아했다. 그곳의 조용하고 고즈넉한 분위기가 내 마음을 사로잡았고, 혼자만의 여유로운 시간을 오롯이 즐겼다.

선수들이 외출하고 난 뒤의 텅 빈 선수촌은 쓸쓸하면서도 참으로 매혹적이었다. 기흥 선수촌은 힘든 선수 생활 속에서도 내가 기댈 수 있는 유일한 마음의 안식처였다.

선수촌의 러닝 코스는 숲속 길로 4킬로미터 정도 만들어져 있었는데 워낙 자연경관이 멋졌고, 울창한 숲에서 내뿜는 신선한 공기와 더불어 새소리와 바람소리, 풀벌레들의 합창 소리는 나의 영혼과 육체를 건강하고 맑게 해주었다.

내가 좋아했던 선수촌의 작은 꽃밭은 봄, 여름, 가을, 겨울, 사시사철 새로운 꽃을 피우며 나를 반갑게 맞아주었고, 고된 훈련 속에서도 나를 활짝 웃도록 만들어 주었다.

봄에는 빨간 튤립과 흰 목련이, 여름이면 붉은 나팔꽃과 무궁화 꽃이, 가을이면 알록달록 분꽃과 연분홍의 코스모스가 흐드러지게 피어 나를 반겼다. 심지어 모든 것이 사라져버린 추운 겨울에도 새하얀 눈꽃이 활짝 피어 쓸쓸한 나의 선수촌 생활을 환하게 밝혀주었다.

다른 선수들은 훈련이 끝나고 주말이면 스트레스를 풀기 위해 외출을 즐겼는데, 나는 거의 선수촌에 머물면서 조용한 시간을 즐겼다. 눈코 뜰 새 없이 바빴던 주중생활을 뒤로하고 잠시 멈추어서 한 주간을 되돌아보고 새로운 한 주간을 맞이하는 일은 어느덧 몸에 배어 자연스러운 일상이 되었다.

그것은 단지 생각 없이 시간에 쫓기고 떠밀려 살지 않고, 내가 내 인생을 주도적으로 목적을 가지고 준비하며 살기 위한 훈련이자 몸부림이기도 했다.

홀로 있는 조용한 시간에 내가 가장 좋아했던 일은 찬양을 듣거나 기타를 치며 찬양을 부르는 일이었다. 복음송도 좋았지만 나는 기타를 치며 직접 내 목소리로 찬송가를 부르는 것을 참 좋아했다.

나는 어렸을 때부터 절대음감이 있다는 소리를 들을 만큼 찬양을 곧잘 하는 편이있다. 내가 찬양을 듣거나 직접 부를 때면 내 영혼이 기뻐하고 뛰놀며 새 힘을 얻는 것을 느낄 수 있었다.

찬양을 통해서 주님의 은혜가 임하는 것을 경험했기에 나는 나의 삶이 날마다 순간마다 어떤 상황 속에서도 찬양하는 삶이 되길 소원했다.

그렇게 찬양을 하다 보면 나의 찬양은 곡조 있는 노래가 되어 기도로 이어지고 기도는 다시 말씀을 묵상하는 일로 연결되고 자연스럽게 말씀 묵상은 나의 삶을 되돌아보는 신앙의 선순환으로 이어졌다.

'찬기말행'(찬송, 기도, 말씀, 행동)의 신앙이 선수촌 생활 속에서 자연스럽게 몸에 익숙해져갔다. 찬기말행의 삶은 어떤 한 가지에 치우치지 않고 균형잡힌 신앙생활을 하고 싶은 나의 목표이자 기도제목이기도 했다.

당시 나는 날마다 아침 경건의 시간(큐티)을 가졌는데 톰슨성경으로 말씀을 묵상하는 것을 좋아했다. 톰슨성경에는 주석이 달려있어 말씀을 이해하는 데 큰 도움이 되었기 때문이다.

내 마음의 고향, 기흥 선수촌

나는 하나님의 말씀을 묵상할수록, 바르게 살고 싶고 하나님이 원하는 삶을 살고 싶은 마음이 내 속에서 소용돌이치는 것을 느낄 수 있었다.

비록 이곳에서 태극마크를 달고 국가대표 선수로서 생활하고 있지만 선수촌 생활에서도 하나님의 사람으로 하나님의 일을 하며 살고 싶은 마음이 간절했다.

기흥 선수촌을 추억하며 지금도 감사하는 일이 있다. 나는 그 당시 서초동의 사랑의교회에 출석하고 있었는데 경기를 2, 3주 정도 남기고 있을 때면 모든 선수들의 외출과 외박이 금지되고 선수촌 안에서 머물면서 훈련에 집중해야만 했다.

그때는 사랑의교회에서 목사님과 성도님들이 직접 찾아오셔서 예배를 인도해주셨고, 나는 예배를 통해 지쳐있던 영혼과 육체에 큰 은혜와 위로를 받았다. 성도님들의 응원과 격려도 나를 지탱해준 큰 힘이 되었다. 특별히 선수촌을 방문하실 때면 내가 좋아하는 초콜릿과 복숭아 등을 사 오셔서 나를 기쁘게 해주셨다.

또 동화같이 아름답고 훈훈하게 나의 마음을 초심으로 되돌려주는 내 마음의 교회가 떠오른다. 그곳은 기흥 선수촌 근처의 산책로에 붙어 있는 아주 작은 교회였는데 가끔 산책을 하다가도 들려서 기도하고, 선수들과 함께 가서 예배를 드렸던 그림 같은 교회였다.

몇 명의 성도들과 의자도 없이 방석을 깔고 마룻바닥에서 가난한 마음으로 예배를 드리고 무릎을 꿇고 기도하던 아주 작은 고매리교회!

오랜 세월이 흐른 지금까지 꿈속에서조차도 잊혀지지 않고 선명하게 떠오르는 것을 보면 고매리교회는 분명 기흥 선수촌과 더불어 또 하나의 나의 마음의 고향이자 나의 작은 안식처였음이 틀림없다.

04

팔목 통증이 인도한
신앙의 길

> 어느 정도 어둠이 있어야 행복도 존재한다.
> 행복에 상응하는 슬픔이 없다면,
> 행복은 그 의미를 잃어버리고 만다.
> _ 칼 융

탁구선수 생활을 하는 동안 누구나 그렇듯 내 삶에도 빛과 그늘이 공존했다. 고등학교 1학년 때 탁구 국가대표로 발탁될 만큼 주변의 기대를 한 몸에 받으며 승승장구했지만, 늘 육체적인 고통과 씨름해야 했다. 승부에 대한 집착이 강했던 만큼 훈련의 강도도 높았고, 몸을 늘 혹사할 수밖에 없었다. 육체적인 한계는 선수인 내 발목을 잡기 일쑤였다.

그 시작은 캐나다에서부터였다. 1980년, 나는 세계탁구대회 혼합복식 결승전을 앞두고 있었다. 말이 필요 없는 마지막 중요한 경기였다. 이미 다른 경기에 다 패했고 우리 팀에게 남은 것은 이 경기밖에 없었다. 그래서 모든 희망은 이 한 경기에 집중되어 있었고, 모두가 긴장하며 좋은 성적을 거두기 바라는 절박한 상황이었다. 그런데 경기를 앞두고 선수들만 긴장한 것이 아니었다.

그때만 해도 외국에서 경기가 열리면 현지 교민들이 김밥을 싸 들고 경기를 관람하러 나왔다. 교민들은 타국에서의 고단한 삶과 설움을 고국 선수들의 경기를 보며 풀었다. 경기에서 우리나라가 금메달이라도 따면 교민들은 태극기를 흔들며 눈물을 펑펑 쏟았다. 그 정도로 기대가 컸기 때문에 선수들은 그런 부담감까지 떠안아야 했다.

그런 상황에서 경기를 앞두고 있었는데 갑자기 팔에 통증이 느껴졌다. 단순히 통증만 느껴진 것이 아니라 갑자기 팔이 위로 올라가지 않는 것이었다. 가슴이 철렁 내려앉았다. '테니스 엘보'(손목 관절에 무리한 힘이 가해져 근육이 찢어지는 증상)로 나중에 병명이 밝혀졌는데, 그때 나는 팔목 통증이 너무 심해 팔을 들 수도 내릴 수도 없었다.

그렇다고 마지막 중요한 경기를 포기한다는 것은 우리 팀과 나에게, 그리고 교민들에게도 있을 수 없는 일이었다.

할 수 없이 아픈 팔을 이끌고 병원을 찾아갔다. 담당 의사에게 진통제를 좀 놓아달라고 부탁했다. 하지만 담당 의사는 건강에 해롭다며 진통제를 처방해주지 않는 것이었다. 한국에서는 팔이 아플 때면 관절주사로 진통제를 맞곤 했는데. 어쩔 수 없이 나는 근육 이완제를 팔목이 얼얼할 정도로 바르고 압박붕대를 감았다. 그랬더니 가만히 있어도 손이 이리저리 왔다 갔다 했다.

그런 상태에서 경기를 치렀다. 혼합복식이어서 나는 주로 상대방의 공격을 받기만 하고, 주로 남자 선수가 공격을 전담했다. 고통을 참으며 그럭저럭 경기를 진행할 수 있었고 천신만고 끝에 우승컵을 거머쥐었다.

지금 생각해도 아찔한 경기였다. 그런데 그때 발병한 '테니스 엘보'가 내 삶을 전혀 다른 방향으로 이끌었다. 하나님을 제대로 알게 된 것이다. 그 섭리의 오묘함은 정말 인간의 예상을 뛰어넘는다. 나는 고통을 통해 하나님께 그렇게 다가가게 되었다.

예수님을 만나다

캐나다에서 돌아온 후 팔목의 통증이 주기적으로 나를 괴롭혔다. 진통제를 맞았지만, 진통제는 맞을 때만 잠시 반짝할 뿐이었다. 탁구를 그만두면 괜찮아질 수 있었으나 탁구를 포기한다는 것은 불가한 일이었다. 그래서 나는 학교가 끝나면 먼저 교회로 향했다. 하나님께 내 팔이 나을 수 있게 해달라고 기도한 뒤에야 집으로 돌아갔다. 기도는 했지만 나아지는 건 없었다. 계속 진통제를 맞으며 훈련을 하고 대회에도 출전해야 했다. 그 기간이 거의 6년이었다. 결국 한계에 도달했다.

진통제 효과가 없는 상황에 맞닥뜨리게 된 것이다. 그때가 1983년 개인단식 은메달을 딸 즈음이었는데 매우 중요한 시점이었다. 세계대회 개인단식 준우승으로 새로운 도약의 발판을 마련해야 할 전환점이었다.

오히려 한 계단 위로 뛰어올라야 하는 상황인데 테니스 엘보가 내 발목을 꽉 움켜쥔 것이다. 더는 의학적으로 할 수 있는 조치가 아무것도 없었다. 내가 마지막으로 기댈 수 있는 언덕은 단 하나, 신앙이었다.

당시 나는 제일모직 탁구단에 소속되어 있었는데, 나와 함께 선수 생활을 하던 한 선배 어머니가 아주 신실한 분이셨다. 이분이 내 이야기를 듣고는 기도원에 가보기를 권하셨다.

하지만 나는 그다지 마음이 내키질 않았다. 기도원이라는 곳도 낯설게 느껴지고 꼭 그렇게까지 해야 하나 싶기도 했다. 그렇지만 어떤 방법으로도 해결이 안 되니 달리 도리가 없었다. 다른 곳도 아니고 하나님께 기도하고 매달리며 낫기를 구하는 일인데 가보자는 생각이 들었다. 고통을 피하려면 탁구를 그만두어야 했는데 그것은 아픈 것보다 더 끔찍한 일이었다. 결국, 나는 기도원으로 향했다.

참으로 놀랍고 신비하다는 말밖에는 달리 표현할 길이 없다. 하나님은 나를 말씀 가운데로 부르셨다. 말씀으로 나를 만나주셨다. 하나님이 우리를 인도해가는 방식은 정말로 예단하기 어렵다. 그저 모든 일이 지나간 뒤 비로소 깨닫고 감탄하는 것 외에는 우리가 할 수 있는 것이 별로 없다.

나 역시 마찬가지였다. 궁지에 몰려 어쩔 수 없이 찾아간 기도원에서 나는 비로소 예수님을 만났다. 물론 그 이전부터 교회를 나가고는 있었지만, 내 신앙은 무척 막연하고 피상적이었다. 그저 어리고 미숙한 신앙이었다. 그런데 그 기도원에서 주님을 인격적으로 만났던 것이다.

　기도원 예배에 참석했는데, 그날 원장 목사님의 설교는 '복음'에 관한 내용이었다. 목사님은 "하나님이 세상과 인간을 아름답게 지으셨지만, 인간의 죄와 불순종으로 세상에 고통과 죽음이 찾아왔습니다. 하나님은 그런 인간을 구하시려고 그 아들을 보내셨는데 그를 믿는 자는 영원한 생명을 얻습니다."라고 말씀하셨다. 사실 이런 설교는 그 이전에도 여러 차례 들었던 내용이었다.

　그런데, 정말 이상한 일이 일어났다. 전에는 무심히 들었던 말씀이 생생하게 가슴에 들어와 박힌 것이다. 한 마디, 한 마디가 마치 살아서 움직이는 것처럼 생생하고 선명하게 내 마음에 전달되었다. 이제는 그 말씀의 의미가 확연하게 이해되었고 큰 울림으로 다가와 내 마음속 깊이 퍼져갔다.

　그러면서 예수님의 고통이 내 마음에 느껴졌고, 그분의 사랑에 감당할 수 없는 감동으로 마음이 물결쳤다. 도대체 어떻게 그럴 수가 있을까. 내가 뭐라고, 나처럼 하찮은 사람을 위해 그분이 그런 참혹한 고통을 감내하셨다는 것일까. 나는 죄인이고 아무리 생각해봐도 그럴만한 가치를 지닌 사람이 아닌데, 어떻게 이런 나를 위해 죽음을 선택하실 수 있을까.

　어린 시절, 내 아버지는 언제나 두려운 분이었다. 엄하고 늘 거리감이 있었는데 아버지를 한 번도 만져본 적이 없을 정도였다. 그런데, 이제 하나님이 나의 아버지가 되어주시겠다고 한다. 예수님의 사랑도 감당하기 힘든데 하나님을 아버지라고 부를 수 있는 특권이 내게 주어진 것이다. 이 형편없는 죄인에게 영생이라는 선물이 값없이 주어졌다. 감동과 감격이 내 온몸을 휩쓸고 지나갔고 눈물, 콧물이 쉼 없이 쏟아졌다. 이 작은 몸뚱이에 그토록 많은 눈물과 콧물이 들어 있었다는 사실이 믿어지지 않았다.

그렇게 펑펑 울며 마음 문을 활짝 열었고 예수님을 나의 구주로 영접했다. 마음이 뜨거워졌고 예수님을 주님으로 만난 기쁨과 감격이 온몸을 타고 오르는 것 같았다. 비로소 복음을 알게 되었고 온 마음으로 복음을 끌어안았다. 그때 바라본 세상은 이전과 달랐다. 세상을 다른 눈으로 바라보게 된 것이다. 내 마음과 영혼은 행복감으로 충만해졌고 나는 듯 가벼웠다.

나는 말씀에 힘입어 기도하고, 또 그곳에서 나를 위해 중보기도를 해주셨다. 그러던 중 놀라운 일이 내게 일어났다. 6년 동안 지독한 통증으로 나를 괴롭히던 팔이 순식간에 나은 것이었다. 진통제조차 듣지 않던 팔이 멀쩡해졌다. 통증이 더는 느껴지지 않았던 것이다. 그동안 좋다는 것은 다 해봤었다. 심지어 관절에 좋다는 고양이 삶은 물까지 먹어봤고, 병원을 제집 드나들 듯이 살았었다. 그래도 낫지 않던 팔이 깨끗하게 나은 것이다. 내가 체험한 기적이었다. 1984년의 일이었다.

05

나 중심에서
하나님 중심으로

> 인생은 근본적으로 신앙과 인내로 이루어져 있다.
> 이 두 가지를 놓치지 않는 자는
> 놀라운 목표에 도달할 수 있다.
> _ 폴 타파넬

그토록 오랫동안 아프던 팔이 낫고 난 뒤 내게 일어난 가장 큰 변화는 가치관의 변화였다. 물론 내게 일어난 육체적인 변화는 나 자신은 물론 주변 사람들에게도 큰 사건이었다. 6년 가까이 나를 지켜봐 왔던 코치들은 놀라워했고, 그동안 탁구를 같이 했던 학교 친구들과 제일모직 선수들, 그리고 기흥 선수촌의 국가대표 선수들은 내게 일어난 일련의 사건들을 통해 자연스럽게 하나님의 존재를 인정하는 분위기가 되었다. 나는 선수촌 내에서 신앙의 '산 증인'처럼 인식되었다.

당시 나는 통기타를 치며 찬양하기를 참 좋아했는데, 내가 기타를 치며 찬양을 주도하면 모두 손을 맞잡고 도란도란 즐겁게 찬양에 동참했다. 찬양은 우리를 웃고 울게 하며 모두를 하나로 만들어 주었다.

"사랑은 참으로 버리는 것 버리는 것 버리는 것
사랑은 참으로 버리는 것 더 가지지 않는 것
이상하다 동전 한 닢 움켜잡으면 없어지고
쓰고 빌려주면 풍성해져 땅위에 가득하네.
오, 사랑은 참으로 버리는 것 버리는 것 버리는 것
사랑은 참으로 버리는 것 더 가지지 않는 것."

하지만 겉으로 보이는 육체적인 변화보다 더 중요했던 것은 눈으로 보이지 않는 내적인 변화였다. 그 이전까지 내가 탁구를 하는 이유는 오로지 나 자신의 영광 때문이었다.

경기에서의 승리는 내게 엄청난 자부심과 성취감을 안겨주었고 그것을 위해 나는 몸이 부서져라 탁구를 했다. 아무리 훈련이 힘들고 고단해도 승리를 통한 성취감과 주변의 찬사는 그 고통을 다 보상하고도 남을 정도로 큰 기쁨과 만족감을 안겨주었다.

하지만 예수님을 인격적으로 만나고 난 뒤, 나는 삶의 중심이 송두리째 바뀌었음을 깨달았다. 그 이전까지의 삶의 목표가 나 자신을 위한 것이었다면 이제 나의 삶은 나를 위한 것이 아니라 주님을 위한 삶이 되고 싶었다.

어렸을 때 꿈이 훌륭한 탁구선수, 명예로운 탁구선수였다면, 이제는 하나님을 기쁘시게 하고 하나님의 영광을 위하는 삶으로 뒤바뀐 것이다. 나는 할 수만 있다면 내 삶을 온전히 하나님께 드리고 싶었다.

이런 생각 때문에 한때는 주님의 일꾼이 되기 위해 신학교를 가야 하는 것 아닌가 하는 생각도 들었지만, 그것이 하나만 알고 둘은 모르는 어리석은 생각이라는 것을 최홍준 목사님을 만나고서야 비로소 알게 되었다.

그만큼 나는 마음만 앞섰지 신앙적인 면에서 너무나 미숙한 부분이 많았다. 그분은 당시 사랑의교회 부목사님이었는데, 내 말을 들으시고는 "하나님께서 각자에게 주신 달란트를 가지고 하나님을 섬기는 것이 진정한 하나님의 일"이라는 귀한 사실을 일깨워주셨다.

그렇다. 하나님의 일을 하기 위해 모두가 다 목사가 되고 전도사가 되고, 선교사가 될 필요는 없다. 내게는 하나님께서 달란트로 주신 탁구가 바로 하나님의 영광을 위한 가장 소중한 나의 일이었다.

06
간염의 역습을 당하고
국가대표에서 탈락하다

> 고난의 시기에 동요하지 않는 것,
> 이것은 진정 칭찬받을 만한 뛰어난 인물의 증거다.
> _ 베토벤

내적인 변화로 마음의 안정을 찾아가던 1984년경, 생각지도 못한 어려움에 다시 봉착했다. 당시 알 수 없는 피로감이 나를 덮쳤는데 극도의 피로감과 두통, 체력 저하로 운동에 전념할 수 없었다. 원인은 간염이었다.

간이 허약한 것은 집안의 내력이기도 했다. 어머니를 포함해서 큰오빠, 큰언니 모두 간암으로 일찍 세상을 떠났다. 나 또한 체질적으로 허약한 간을 타고난 것을 뒤늦게야 알게 되었다.

간염의 증상 중에 가장 괴로운 것은 극심한 피로감이었다. 나는 오후 시간만 되면 눈을 뜰 수 없을 정도로 피곤이 몰려왔다. 그래서 자주 눈을 감고 쉬어야 했다. 다리에 힘이 빠져 훈련은 고사하고 서 있는 것조차 힘들 지경이었다.

그런 상황에서 쉬지 못하면 이어서 극심한 두통으로 머리가 쪼개질 듯이 아팠다. 마치 운동을 하기 싫어 꾀병을 부리는 어린애처럼 내 몸이 그랬다.

다른 선수들은 몸이 부서지도록 운동을 하고 잠깐만 휴식을 취해도 멀쩡한데, 나는 조금만 운동을 해도 체력이 고갈되고 피곤해서 잠깐의 휴식으로는 내 몸을 지탱할 수조차 없었다.
아무리 내가 승부 근성이 강하고 지는 것을 싫어한다 해도 간염으로 인한 체력 저하에는 나 자신도 속수무책이었다. 간염으로 인해 제대로 훈련을 하지 못하자 그에 따른 성적 부진은 자연스러운 결과로 다가왔다.

그리고 주변 사람들의 눈빛은 곱지 않은 시선으로 돌변했다. 이것이 내게는 큰 상처가 되었다. 1986년 아시안게임과 1988년 서울올림픽을 앞두고 결국 나는 국가대표에서 제외되었고, 추천 케이스마저도 제외되는 수모를 겪었다.

받아들이기 힘들었지만, 현실을 받아들일 수밖에 없었다. 오랫동안 한솥밥을 먹으며 동고동락했는데, 얼마든지 기다려주고 쉬게 하고 배려해줄 줄 알았는데, 나의 힘든 상황을 이해해주지 못하는 사람들이 너무나 원망스럽고 섭섭했다. 그것이 나를 더욱더 힘들게 했고, 좌절하게 했고, 사기를 저하시켰고, 끝내는 깊은 방황의 늪에 빠지도록 했다.

"아, 승부의 세계라는 것이 이렇게 비정한 거구나. 달면 삼키고 쓰면 뱉고, 이게 세상인심이구나."

나는 현실을 직시하는 순간 탁구를 그만두고 싶은 생각마저 들었다. 그렇게 방황의 시간이 찾아왔다. 그 이전까지 나는 최고의 성적으로 최고의 대우를 받으며 국가대표 에이스로 선수 생활을 지속했는데, 이런 냉대와 푸대접을 받는 일이 참으로 익숙하지 않았다. 그때 나를 붙잡아 주고 나를 다시 바닥에서 일으켜 세워준 말씀이 잠언의 말씀이었다.

"대저 의인은 일곱 번 넘어질지라도 다시 일어나려니와…"(잠 24:16).

인생의 낙오자처럼 남 탓만 하고 땅바닥에 주저앉아 있지 말고 일곱 번 실패하고 넘어지더라도 여덟 번 일어나 힘을 내라는 잠언의 말씀을 붙들고, 나는 나 자신을 다시 일으켜 세울 수 있었다. 그러면서 가장 가난한 마음, 초심으로 돌아가서 모든 것을 내려놓고 다시 시작하기로 마음을 다잡았다. 칠전팔기하라는 주님의 말씀을 붙들고 마음을 낮추어 다시 국가대표 선발전에 출전했다.

국가대표로 다시 발탁되다

국가대표 선발전은 리그전을 치러야 하므로 체력이 약한 나로서는 여간 힘든 일이 아니었다. 세계선수권대회에 단식 은메달을 딴 나에게 저 밑바닥부터 다시 올라오라는 것은 내겐 참기 힘든 굴욕이었다.

그것은 3차전 중고등부학생들부터 시작해서 1차전 실업 선수들까지 포함해서 30명이 넘는 선수들과 겨루어 모두 이겨야 하는 일이었다. 더군다나 까마득한 후배들과 시합을 한다는 것은 내 자존심을 몹시 상하게 하는 일이기도 했다.

주위 사람들은 이제 '양영자의 시대는 끝났다'는 말도 했다. 하지만 나는 오뚜기처럼 다시 일어났다. 일곱 번 넘어져도 여덟 번 다시 일어나서 모든 선수를 제압하고 당당하게 1등으로 다시 국가대표에 재 발탁될 수 있었다.

그렇게 해서 기적같이 출전하게 된 경기들이 1986년 아시안게임과 1987년 인도 뉴델리 세계탁구선수권대회 그리고 1988년 서울올림픽대회였다.

사실 국가대표로 다시 선발된 후에도 간염의 후유증은 지긋지긋할 정도로 나의 발목을 물고 늘어져 놓아주질 않았다. 1987년 인도 뉴델리 세계탁구선수권대회 출전을 앞두고서는 간염 증상이 더욱 심해져 50일 동안 병원에 입원했다.

중요한 경기를 코앞에 두고 병원 침대에 누워서 링거를 꽂고 있는 내 모습을 상상하면, 한숨이 절로 나오고 속이 타들어갔다. 요즘처럼 스마트폰이나 SNS로 탁구 영상물을 볼 수 있던 시대도 아니었고, 오로지 병원 침상에 누워 링거를 꽂고 가만히 있어야만 했으니 오죽이나 답답하고 죽을 맛이었겠는가.

몸이 부서져라 훈련을 해도 시원치 않을 판에 간염으로 아무것도 못하고 계속해서 쉬어야만 한다는 것이 젊고 혈기 왕성하고 승부사 기질이 넘쳐나는 나로서는 견딜 수 없는 지루한 날들이었다.

그 당시 내가 병상에서 하나님께 진심을 담아 올려드린 간절한 기도가 지금도 잊히지 않는다.

"하나님, 나의 허약한 몸(간)을 하루속히 회복시켜 주셔서 뉴델리 세계선수권대회에 건강한 모습으로 출전하도록 인도해 주시고, 88 서울올림픽대회에 반드시 출전하여 하나님의 이름을 높이 빛내고 주님의 영광을 드높이도록 은혜를 베풀어 주소서. 그때까지는 무슨 일이 있더라도 하나님이 저를 꼭 붙들어 주시고 탁구를 지속할 수 있도록 저의 건강을 꼭, 꼭, 꼭 책임져 주옵소서."

나는 몸부림을 치며 답답한 심정을 하나님께 토로하고 생떼를 쓰며 간절히 기도했다. 그리고 힘들 때마다 나의 마음을 달래주는 찬양을 부르며 눈물로 주님의 은총을 갈구했다.

주님이여 이 손을 꼭 잡고 가소서 약하고 피곤한 이 몸을
폭풍우 흑암 속 헤치사 빛으로 손잡고 날 인도하소서
인생이 힘들고 고난이 겹칠 때 주님이여 날 도와주소서
외치는 이 소리 귀 기울이시사 손잡고 날 인도하소서

마침내 나는 주님의 은혜로 50여 일의 병원 생활을 청산하고 퇴원하

여 그야말로 가까스로 보름 정도 훈련을 마치고 뉴델리 세계선수권대회에 출전하게 되었다.

물론 간염의 증상이 완전히 회복되진 않았지만, 짧은 기간 훈련을 한 것치고는 몸 상태가 그리 나쁘지 않았다. 나는 그런 악조건의 불리한 여건 속에서도 가장 많은 4개의 메달(금, 은2, 동)을 따는 꿈같은 일을 경험했다.

복식에서 나와 현정화 선수는 상대 선수들을 차례로 물리치고 결승전에 올라 당시 세계 최강의 중국 복식조인 다이리리와 리후이펀을 만났다. 대회 장소는 인디라 간디 체육관이었다. 체육관에서 종목별 결승전이 벌어질 때는 단 하나의 탁구대만 놓았는데, 2만여 관중의 시선과 모든 조명이 집중되는 특별한 경기였다. 마침내 나와 현정화 선수가 만리장성의 벽을 힘겹게 넘어 금메달을 따내는 이변을 연출했다.

그 당시에 손석희 앵커의 진행으로 중계차가 나의 고향집인 이리시(현 익산시) 창인동 집으로 직접 나가 인터뷰를 하였는데, 뉴델리 세계대회에서 우승하자 우리 집 식구들과 마을 사람들은 축제 분위기에 휩싸였고, 그때 어머니는 이렇게 인터뷰를 했다.

"네, 먼저 모든 영광을 하나님께 돌립니다. 지난번 대회에서 준우승할 때는 대단히 섭섭했었는데, 이번에 우승하고 금메달을 따는 것을 보니까 말로 표현할 수 없이 기쁩니다. 우리 영자를 위해서 기도해주신 여러분께 감사합니다. 국민 여러분이 성원해주신 덕택이니 진심으로 감사합니다."

이 대회를 통해 현정화 선수와 나는 환상의 복식조로 불렸고 마치 88 서울올림픽의 금메달을 예약해 놓은 당사자들처럼 기뻐했다. 물론 나는 그것까지도 주님의 크신 은혜라는 것을 잘 알고 있었다. 나를 불쌍히 여기시는 하나님의 놀라우신 은혜, 생각할수록 감개무량하다.

02

영광과 그림자의 날들,
올림픽
금메달리스트가 되다

01

천적과의
잊을 수 없는 경기

> 길을 가다가 돌이 나타나면
> 약자는 그것을 걸림돌이라고 말하고
> 강자는 디딤돌이라고 말한다.
> _ 토머스 칼라일

나는 수많은 선수와 경기를 치렀지만, 그래도 "가장 기억에 남는 경기와 선수는 누구였느냐?"는 질문을 받는다면 1987년 인도 뉴델리에서 열렸던 세계탁구선수권대회 경기와 다이리리를 꼽을 것이다. 이때 우리나라 팀은 전 종목에서 기분 좋은 성적을 거두며 메달을 휩쓸었다.

특히 내게 오랫동안 기억에 남는 경기는 단식 준결승전이다. 나는 이 경기에서 중국 선수와 맞붙었다. 다이리리라는 선수였는데, 나는 1981년 국가대표 선수가 된 이래 다이리리와 여러 번 경기를 치렀지만 단 한 번도 그녀를 이겨보지 못했다. 한마디로 그녀는 나의 천적인 셈이었다.

다이리리가 사용한 라켓은 핌플러버였는데, 그는 스카이서브를 구사하고 전진속공으로 탁구대 1미터 안팎에서 안정된 수비와 빠른 공격으로 상대를 신속하게 제압하는 스타일의 플레이어였다. 스카이서브는 다음 박자를 맞추는 일이 여간 까다로운 게 아니어서 나는 경기 때마다 번번이 고전을 면치 못했다. 스카이서브를 받으려면 내려오는 속도에 따라 박자를 맞춰 받게 되는데, 다음 동작이 빠른 속공으로 연결되기 때문에 나의 탁구 스타일과 잘 맞지 않아 상대를 공략하는 일이 쉽지 않았다.

나는 팬홀더를 사용하며 플레이 스타일은 올라운드 플레이였다. 스카이서브와 강한 드라이브를 주 무기로 백 스매싱과 어택을 사용하여 상대를 공략하는데, 중국 선수들보다는 유럽 선수들을 상대하기가 더 편했다. 강한 드라이브는 특별히 나의 주 무기로, 탁구대 1.5~2미터 정도의 위치에서 드라이브 공격을 하는데 여자 선수들은 내 볼 받는 것을 아주 힘들어했다.

기적같은 일을 경험하다

당시 나와 중국 선수 다이리리의 게임 점수는 2대 2로 마지막 세트에서 승부가 갈리게 되어 있었다. 게임 점수 2대 2까지 간 것만으로도 간염으로 체력이 약해져 있던 나로서는 피나는 분투였다. 쓰러질 것 같은 힘겨움을 참고 정말 악착같이 박빙의 승부를 이어갔다.

이 경기만 이기면 세계선수권대회 개인 단식 결승전에 올라갈 수 있는 중요한 순간이었다. 그래서 나와 다이리리는 그야말로 사력을 다해 피 튀기는 한판 승부를 펼쳤다.

그런데 마지막 5세트 초반에 점수 차가 점점 벌어지더니 따라잡기 어려울 만큼 패색이 짙어졌다. 점수는 18대 11로 다이리리의 승리가 점쳐지는 상황, 더군다나 내가 한 번도 이겨본 적이 없는 나의 천적 다이리리를 만났으니, 코치진을 비롯해 주변의 사람들은 나의 패배를 받아들이는 분위기였다.

경기가 완전히 기울어가고 있던 그 순간, 기적이 일어났다. 정말 기적이라고밖에는 달리 표현할 말이 없다. 나는 다이리리를 18점에 꽁꽁 묶어놓고 한 점 한 점 계속해서 점수를 따 나갔다. 그래서 무려 10점을 연거푸 올렸다. 정말 믿기지 않는 일이 벌어진 것이었다.

그렇게 한 점 한 점 점수를 딸 때마다 관중들의 환호성은 커지고 경기장은 열광의 도가니로 바뀌었다. 한국 선수단도 눈앞에서 벌어지는 믿기지 않는 광경을 보면서, 말로 다 할 수 없는 기쁨과 감격으로 소리를 질렀다. 스코어는 21대 18. 너무나 통쾌한 역전승이었다. 내 컨디션으로는 도저히 불가능한 승부였다.

숙적인 중국 선수 다이리리를 이긴 일은 마치 만리장성의 벽을 넘은 것과 같은 기쁨과 감동을 주었다. 물론 결승에서는 또 다른 만리장성이 더 큰 벽을 쌓고 버티고 있었지만 말이다.

나 자신도 중국 킬러라는 별명을 가지고 있었지만, 다이리리를 이긴 경기는 그때가 처음이었다. 그것도 18대 11이라는 절망적인 상황에서 거둔 승리였기에 더 큰 기쁨과 감동이 아니었을까.

다이리리는 이 경기로 인해 심적으로 큰 충격을 받고 삶에 많은 변화가 일어났다고 내게 고백했다.

나는 뉴델리 세계탁구선수권대회에서 만났던 다이리리를 16개월이 지나 일본 니가타현에서 다시 만났다. 아시아탁구선수권대회였는데, 다이리리의 '변신'이 나를 놀라게 했다.

다이리리는 1981년 처음 만났을 때부터 늘 머리 모양이 한결같이 똑같았다. 물론 우리 선수들도 늘 똑같은 짧은 커트 머리였지만, 다이리리는 양 갈래로 야무지게 묶은 헤어스타일이었다.

그런데 그 대회에서 만난 다이리리는 완전히 다른 선수 같았다. 머리는 짧게 커트를 하고 날카롭던 눈매에는 쌍꺼풀이 생겼고 코까지 오똑 세워 높아져 있었다. 성형수술을 한 것이다. 그래서 내가 "다이리리, 어떻게 이렇게 달라질 수 있는 거야?" 하고 물었다. 그랬더니 뉴델리 대회 때 나에게 충격의 역전패를 당하고서 탁구에 대한 회의가 들어서 무려 6개월간 아예 탁구 라켓을 잡지도 않았다는 것이었다. 성형수술도 그 기간에 한 것으로, 새로운 변신을 시도했다고 고백했다. 그리고 내게 놀라운 이야기도 한 가지 덧붙여 말했다.

나는 그동안 세계대회를 출전할 때마다 각 나라 언어로 전도지를 만들고 나의 간증도 넣었는데, 중국 선수들에게는 중국어로 번역한 전도지와 성경책을 나누어 주며 전도를 했다.

다이리리는 독실한 불교 신자였다. 그래서 그동안은 내가 준 전도지나 성경책을 쳐다보지도 않고 방구석에 처박아 놓았었는데, 큰 어려움을 겪고 난 후에 갑자기 내가 전해준 전도지와 성경책 내용이 궁금해서 어딘가 처박혀 있는 성경을 찾아서 읽어봤다는 것이었다.

간증 전도지는 쉬워서 좋았는데 성경의 내용은 너무 어려워서 많이 이해하지는 못했지만 지금도 성경에 대해 호기심이 많다고 했다. 나는 다이리리의 그 말을 듣고 내가 전해주는 간증 전도지와 성경책이 어려움에 처해 있는 사람들에게 작은 도움이 되었다는 사실에 큰 기쁨과 보람을 느꼈다.

"하나님께서 세상의 미련한 것들을 택하사 지혜 있는 자들을 부끄럽게 하려 하시고 세상의 약한 것들을 택하사 강한 것들을 부끄럽게 하려 하시며 하나님께서 세상의 천한 것들과 멸시 받는 것들과 없는 것들을 택하사 있는 것들을 폐하려 하시나니"(고전 1:26-28).

사실 나는 늘 건강상의 이유로 자신감이 부족했고, 몸이 약한 탓에 아픈 날들이 많았다. 그리고 시합에 나가서도 준비가 덜 된 사람처럼 항상 두렵고 자신이 없었다. 하지만 하나님은 이런 연약한 나를 들어 사용하셔서 뉴델리 세계대회에서 놀라운 성적을 거두게 하셨다.

몸이 허약하고 모든 것이 부족한 내가 경기장에서나 숙소에서 할 수 있는 일은 오직 기도로 하나님의 도우심을 구하는 일이었다. 이 외에 달리 할 수 있는 일이 없었다. 그리고 나는 시간이 날 때마다 중국 선수들에게 다가가 부족한 나의 간증 전도지와 중국어 성경책을 전해주며 어눌한 중국어로 하나님의 복음을 전했다.

물론 그들이 다 복음을 받아들인 것은 아니었지만, 작은 씨앗을 뿌리는 심정으로 복음을 전했다. 결국, 열매는 하나님께서 거두실 것이라고 나는 확신한다. 그래서 위의 성경 말씀은 약한 나를 사용하셔서 강한 사람들을 부끄럽게 하시는 나의 신앙의 고백이 되는 말씀이기도 하다.

02

꿈에 그리던
올림픽 금메달리스트가 되다

> 멈추지 말고 한 가지 일에 매진하라.
> 그것이 성공의 비결이다.
> _ 안나 파블로바

　　　　　1987년 뉴델리 세계탁구선수권대회에서 나는 4개의 메달을 따는 기대 이상의 성적을 거뒀지만, 막상 88서울올림픽에서는 상황이 이전과 다르게 전개됐다. 서울올림픽은 우리나라에서 치르는 첫 올림픽이라 온 국민의 관심이 뜨거웠다. 또 올림픽에서 탁구가 올림픽 정식 종목으로 채택된 첫 번째 경기이기도 했다.

　현정화 선수와 나는 뉴델리 경기에서 한 팀을 이뤄 이미 복식 금메달을 딴 경험이 있었다. 그래서 우리 둘은 언제나 '환상의 복식조'로 불리며 복식에서만큼은 최고의 팀워크를 자랑했다.

　대다수 사람들은 88서울올림픽에서도 당연히 금메달을 딸 것이라는 기대가 있었다. 그런 국민적인 기대가 선수에게는 큰 부담이었다. 현정화 선수도 나도, 반드시 우승해야 한다는 절박감과 열화와 같은 국민의 기대에 부응해야 한다는 중압감을 극복하는 일이 생각보다 쉽지 않았다. 엄청난 무게의 압박감을 감당할 수 있었던 것은 믿음 때문이었다.

나와 현정화 선수는 나름대로 개인전에서 금메달을 따고 싶은 욕심을 갖고 있었다. 이미 나는 1983년 도쿄 세계선수권대회에서 한국 탁구 사상 개인전 최초의 은메달을 목에 걸었고, 1987년 인도 뉴델리 세계탁구선수권대회에서도 너무 아쉽게 금메달을 놓친 경험이 있었기 때문에, 우리나라에서 열리는 올림픽 경기에서만큼은 개인전 금메달을 꼭 따고 싶었다.

하지만 단식 16강 경기에서 나와 현정화 선수는 제발 이 선수만은 피했으면 바라던 선수들을 만나 둘 다 어이없게 패하고 말았다. 상황도 묘하게 돌아갔다. 대부분 대진표가 나오기도 전에 경기할 상대 선수를 미리 알아 전략을 세울 수도 있었는데, 그날은 시합이 늦게 끝났는지 우리 선수들은 상대 선수가 누구인지 알지도 못하고 그냥 잠자리에 들 수밖에 없었다. 잠자리에 들기 전에 현정화 선수는 소련(지금의 러시아)의 포포바 선수만 붙지 않기를 바랐고, 나는 체코의 하라코바 선수만 제발 피했으면 좋겠다고 말했었다. 둘이 그렇게 되길 기도하며 잠자리에 들었는데 이게 웬 날벼락인가!

다음 날 아침, 일어나 떨리는 마음으로 대진표를 확인해 보니 어젯밤 우리가 만나지 말았으면 좋겠다고 기도했던 선수들이 거짓말처럼 바로 우리의 상대 선수들로 정확히 낙점된 것이 아닌가. 참 황당하기 그지없었다. 그렇게 나와 현정화 선수는 어이없게도 16강전에서 나란히 쓰라린 고배를 마시고 말았다.

기대했던 단식경기에서 패하자 낙심과 무력감이 엄습해오고 마음은 처참했다. 빨리 자신감을 회복해서 다음 경기를 해야 하는데 연습장에서 몸을 푸는 상대 선수들을 보자 마치 메뚜기가 된 것 같았다. 얼마나 상대 선수들이 힘 있어 보이는지 나와 현정화 선수는 마음이 한없이 초라해져 한숨만 토해냈다.

중국 만리장성과의 진검승부

남은 건 현정화 선수와 나의 복식경기밖에 없었다. 현정화 선수와 나는 9월 29일 단식경기의 패배로 밤잠을 설치고 그 다음 날인 9월 30일 밤, 서울대학교 체육관에서 중국의 자오즈민, 첸징 조와 탁구 종목 첫 올림픽 금메달을 목에 걸기 위한 마지막 진검 승부를 펼쳤다. 흔히들 중국을 탁구 최강, 만리장성, 넘사벽(넘을 수 없는 사차원의 벽)이라 부르지만, 나는 그렇다고 못 넘을 벽은 아니라고 늘 생각했었다.

경기장에 들어가기 전에 현정화 선수와 나는 절박한 심정으로 하나님 앞에 먼저 무릎을 꿇었다. 그리고 우리 둘은 손을 굳게 맞잡고 그야말로 하나님만 의지하고 기도를 드렸다.

"하나님, 하나님께서 도우시는 손길이 아니면 우리 둘은 초라한 메뚜기에 불과합니다. 우리의 힘으로는 난공불락의 만리장성, 중국의 벽을 무너트릴 수 없습니다. 그러나 하나님의 손은 모든 것을 이길 수 있는 능력의 손임을 믿습니다. 하나님께서 정화와 저의 손을 꼭 붙들어 주셔서 강하게 해주옵소서."

우리 둘은 절박한 심정으로 하나님을 의지하고 경기장을 향해 발걸음을 내디뎠다. 우리가 난공불락 중국의 벽을 무너트릴 수 있었던 것은 운이 좋아서가 아니었다. 그것은 하나님이 도우시는 손길이 있었기에 가능했다. 나는 그것을 분명히 알고 있다. 현정화 선수와 내가 호흡이 잘 맞았던 것도 있었지만, 그것보다 더 중요했던 것은 하나님을 의지하는 강한 믿음 때문이었다.

우리는 한마음으로 하나님의 도우심을 간구했고, 서로의 손을 맞잡았으며 어떠한 상황 속에서도 서로에 대한 신뢰의 끈을 놓지 않았다. 나는 현정화 선수를, 현정화 선수는 나를 믿어 주었다. 그 당시 우리 둘은 완전히 혼연일체였다.

그렇게 우리는 7전 전승으로 조 1위를 확정짓고 결승에 진출했다. 8강전에서는 네덜란드의 브리셰쿠프, 클로렌버그 조를 2대 0으로, 4강전에서는 일본의 호시노, 이시다 조를 역시 2대 0으로 가볍게 물리치고 날개라도 단 듯 파죽지세로 결승에 진출했다.

강력한 우승 후보였던 중국의 자오즈민, 첸징 조도 비교적 순조롭게 결승전에 진출했다. 다만 4강전에서 유고의 파블리치, 페르쿠친 조와는 접전 끝에 2대 1로 신승을 거둔 상황이었다.

자오즈민과 첸징은 둘 다 왼손잡이여서 변칙 중의 변칙 스타일로 정말 까다로운 상대 선수들이었다.

9월 30일 오후 8시, 드디어 온 국민이 고대했던 결승전이 시작됐다. 자오즈민의 하늘 높이 치솟는 스카이서브와 첸징의 현란한 백핸드 스매싱, 나의 강력한 드라이브와 현정화 선수의 전진 속공형의 송곳 같은 스매싱이 불꽃을 튀며 격돌했다.

한 치의 양보도 없이 숨가쁘게 펼쳐진 첫 세트의 경기 결과는 21대 19로, 우리 팀의 승리였다. 박빙의 승부 끝에 안겨준 승리에 관중들은 큰 소리로 환호하며 열광했다. 하지만 두 번째 세트는 분위기가 사뭇 다른 양상으로 흘렀다. 중국 팀의 빠른 속공에 밀린 우리는 결국 두 번째 세트를 16대 21로 어이없게 내주며 위기를 맞았고, 승부는 다시 원점으로 되돌아갔다. 관중석은 순식간에 분위기가 가라앉았고, 모두가 숨을 죽이며 손에 땀을 쥐었다.

드디어 마지막 세 번째 세트, 우리는 두 주먹을 불끈 쥐고 파이팅을 외치며 다시 전열을 가다듬었다. 그리고 중국 팀을 강하게 밀어붙였다. 코스를 좌우로 번갈아 흔들며 상대 선수들을 공략했고 현정화 선수의 강력한 스매싱이 폭발하기 시작했다. 나의 드라이브와 백핸드 스매싱이 위력을 발휘하자 만리장성의 벽에 균열이 가기 시작했다.

더군다나 나의 스카이서브가 하늘 높이 치솟으면서 상대 선수들은 당황하기 시작했고, 흔들리는 상대 선수의 리시브를 놓치지 않는 현정화 선수의 강력한 3구 속공 플레이는 난공불락 만리장성의 벽을 순식간에 무너트렸다. 심지어 3세트 경기 도중에 자오즈민과 첸징이 서로 발에 걸려 넘어지는 돌발 상황까지 발생해 결국 그들은 지리멸렬하게 무너졌다.

당시 자오즈민과 안재형 선수가 열애 중이었는데, 매스컴의 큰 화제를 모으던 때였다. 나는 경기 후에 현정화 선수에게 웃으면서 자오즈민이 관중석의 안재형을 바라보느라 스텝이 꼬여 넘어졌다고 농담을 건넸었다.

결국, 중국 팀이 흔들리기 시작했고 점수는 순식간에 4대 1에서 11대 4까지 벌어졌다. 접전 양상을 보였던 첫 세트나 두 번째 세트와는 상황이 전혀 다르게 또 다른 반전을 거듭했고 결국 자오즈민, 첸징 조는 맥없이 무너져 예상과 달리 21대 10이라는 큰 점수 차로 우리의 완승이었다.

경기를 마치고 금메달이 확정된 후 관중들의 환호성과 열광 속에서 방송 인터뷰를 하는데, 경기 소감을 물어왔다. 나는 "정화와 모든 것을 신앙으로 함께 호흡해서 우승할 수 있었던 것에 대해 하나님께 모든 영광을 올려드립니다."라고 차분하게 우승 소감을 밝혔다.

이렇게 해서 우리는 복식에서 금메달을 따고 국민의 성원에 보답할 수 있었다. 마음이 그렇게 홀가분하고 행복할 수 없었다. 나는 경기를 마치고 금메달을 땄다는 기쁨보다는 국민에게 보답했다는 안도감이 앞섰다. 그동안 성원해준 국민 여러분에게 마음에 진 빚을 조금이나마 갚은 것 같아 마음이 날아갈 것 같았다.

내가 무엇 때문에 그렇게 기뻐하고 행복했는지 정확히는 알 수 없었지만, 아마도 어린 시절부터 내가 꿈꾸어 왔던 그 꿈을 드디어 이루었다는 감격스러운 마음이 아니었을까.

그리고 주님께서 내 눈물의 기도에 응답해 주셨다는 확신이 내 마음을 가슴 벅차게 해준 것은 아니었을까. 나는 어린 시절에 탁구를 하며 탁구 일기를 썼다. 이종학 선생님은 탁구를 그냥 하지 말라고 하셨다. 목표를 세워 꿈을 크게 가지고 탁구를 하라며 탁구 일기를 쓰도록 권하셨다. 꼬맹이였던 5학년 때 탁구 일기장에 내 꿈을 기록했던 일이 떠올라 갑자기 마음이 울컥했다.

"나는 열심히 탁구를 해서 자랑스러운 태극마크를 달고 국가대표 선수가 되어 우리나라를 빛내는 사람이 되겠어요."

나는 어린 시절의 그 꿈을 잊지 않았고 그 꿈을 향해 힘차게 달렸다. 비록 힘들었지만, 드디어 그 꿈을 이룬 것 같아 이렇게 내 몸이 날아갈 듯하며 기쁘고 행복한 것은 아니었을까.

경기가 끝나고 환호와 기쁨, 열광과 감동이 나와 우리 모두를 흥분시켰지만, 숙소로 돌아온 후 그동안 쌓였던 긴장이 풀리면서 깊은 잠에 빠져들었다. 나는 세상모르게 깊은 단잠을 자고 너무나 상쾌하고 기분 좋게 잠에서 깨어났다. 깨어보니 모든 게 꿈만 같았는데 전날의 찬란했던 순간들이 다시 떠올라 행복감에 사로잡혔다.

그제야 나의 모든 것을 내려놓을 수 있을 것 같았다. 그동안 나와 함께했던 상처투성이가 된 나의 분신, 탁구 라켓도 이제 기쁨으로 내려놓을 수 있을 것 같았다. 생각할수록 모든 것이 주님의 은혜였다. 모든 것이 아름답도록 합력하여 선을 만들어 주신 하나님께 "참으로 감사합니다."라는 고백이 절로 나왔다.

03

마지막 소원을
안 들어주신 이유

> 인생은 겸손에 대한
> 오랜 수업이다.
> _ 제임스 베리

사람은 누구나 한 가지 이상의 소원을 가지고 살아간다. 그 소원을 이룬 사람은 기쁨으로 인생을 살겠지만, 그 소원을 이루지 못한 사람은 마음에 상처를 받고 아쉬움으로 인생을 살 것이다.

인생을 살아가면서 누구에게나 한 번쯤은 삶의 절정기가 찾아온다. 물론 그 사람의 재능만큼 능력에 맞게 소원의 열매들을 거두게 될 것이다. 가장 눈부시고 화려한 시절인 절정기가 찾아왔을 때, 그 큰 소원의 열매를 따기 위해 발버둥을 쳐보지만, 때론 큰 기쁨의 열매를 따려다가 오히려 큰 실망과 좌절의 상처를 맛보기도 한다. 화려함의 이면에는 좌절과 영광의 그림자도 그만큼 깊게 드리우기 때문이다.

내게는 그때가 1986년부터 1988년까지가 아니었나 싶다. 당시 나는 탁구 국가대표였고, 20대의 물오른 왕성한 전성기였으며, 내 인생에서 두 번 다시 찾아오기 힘든 그야말로 황금기였다. 그동안에 아시안게임과 세계탁구선수권대회, 서울올림픽 등 세 개의 큰 대회에 참가하면서 단체전, 복식, 단식, 혼합복식 등에서 남들이 부러워할 만한 소원의 열매들을 수확했다. 그 열매들은 내가 준비된 만큼만 딸 수 있는 보석과도 같은 소중한 열매들이었다.

그렇지만 내가 마지막 순간까지 간절히 수확하길 바랐던 소원의 열매는 아직 거두지 못한 미완성의 상태였다. 내 생각으로는 다른 모든 열매를 합친 것보다 더 큰 얼매로 느껴질 만큼 꼭 갖고 싶었던 소원의 열매가 바로 올림픽 단식경기의 금메달을 목에 거는 것이었다.

나는 이미 세계대회에서는 두 번이나 아쉽게 그 소원의 열매를 놓친 경험이 있었다. 잡힐 것만 같고 아니 거의 잡은 것 같았지만, 아직은 내 손 안에 잡히지 않은 나의 마지막 소원의 열매, 탁구선수라면 누구나가 한 번쯤은 꿈꾸고 바라는 소원의 열매였다. 나 역시 이 소원의 열매를 88서울올림픽에서 반드시 수확하고 탁구선수 인생을 매듭짓고 싶었다.

고등학교 3학년 시절, 1983년 도쿄 세계선수권대회와 1987년 뉴델리 세계선수권대회에서 두 번의 단식 은메달을 통해 소원의 열매에 근접했던 경험이 있었다. 비록 그것이 한국 탁구 역사에서 세계대회 개인전 최초의 은메달로 값진 열매이긴 했지만, 당시 나는 마지막 소원의 열매를 거두지 못했고, 서울올림픽이 내게는 그 소원의 열매를 수확할 수 있는 마지막 기회라고 생각했다.

　마침내 서울에서 88올림픽을 개최하게 되었고, 홈그라운드의 이점까지 보태면 소원을 이룰 수 있는 절호의 기회였다. 그런데 말하기도 부끄러운 일이 벌어졌다. 나는 88서울올림픽에서 아예 단식 금메달은 고사하고 16강에서 무너지고 말았다. 체코의 하라코바 선수에게 힘 한번 제대로 써보지 못하고 어처구니없게 탈락하는 수모를 겪었다.

　기대했던 올림픽 단식경기에서 비참하게 패하고, 마지막 나의 바람이 허무하게 수포로 돌아가 버리고 말았으니, 그 씁쓸함과 아쉬움을 어찌 다 말로 표현할 수 있을까. 그동안 하늘 높은 줄 모르고 부풀어 올랐던 나의 자부심은 가장 낮은 밑바닥으로 한없이 추락하고 말았다.

　나는 88서울올림픽을 마치고 은퇴할 계획을 미리부터 염두에 두었던 터라 내게 아쉬움은 더 컸다. 가능하면 추한 모습을 보이지 않고 잘 나갈 때 박수를 받고 떠나고 싶었는데, 그 작은 소망이 물거품처럼 사라질 것 같아 황망하기 그지없었다.

　1988년 9월 29일 단식 실패의 쓴맛을 톡톡히 맛보고, 그다음 날 30일 저녁 극적 반전을 통해 현정화 선수와 나는 복식 금메달의 기적을 경험했다. 인생에서 이런 급반전을 경험하고 인생을 사는 사람이 얼마나 될까. 마치 롤러코스터를 탄 것같이 말이다. 나는 서서히 돌아가는 회전목마 정도는 탈 수 있지만, 정신없이 오르락내리락하는 롤러코스터는 내 취향도 아니고 내가 원하는 삶의 모습도 아니었다. 나는 하루 사이에 냉탕과 온탕을 반복해서 오가는 상황 때문에 정신을 차릴 수조차 없었다.

　자고 일어나니 "환상의 복식조 양영자, 현정화 한국 탁구 역사상 첫 올림픽 금메달리스트가 되다", "양영자, 현정화 만리장성 중국의 철옹성을 무너트리다" 등등 하루 밤사이에 현정화 선수와 내가 온갖 매스컴의 주인공으로 장식되어 있었다.

　그러나 나는 그런 세상의 찬사 속에서도 기쁨은 잠시였고 마냥 웃을 수만은 없었다. 내 마음의 진정한 숙제를 해결하지 못한 미완성의 과제 때문이었다. 그토록 바라던 소원의 열매, 올림픽 단식 금메달을 수확하지 못한 것에 대해 섭섭함과 아쉬움을 내려놓을 수 없었다.
　말할 수 없는 기쁨과 아쉬움이 하루에도 몇 차례씩 교차하며 머릿속이 여간 혼란스럽지 않았다. 올림픽이 끝나고 탁구선수단은 나의 모교회인 사랑의교회 주일예배에 참석해서 그동안 기도해주신 교우들에게 감사 인사를 드렸다.

　교우들의 따뜻한 환영과 사랑을 받은 후, 예배가 시작되며 성가대의 찬양이 울려 퍼졌다. 그날의 찬양은 송명희 시인의 '나'라는 복음성가였다. 성가대의 찬양도 감동적이었지만, 가사의 내용이 강한 울림으로 내 마음을, 아니 내 심장의 중심을 두드렸다.

　나 가진 재물 없으나

나 남이 가진 지식 없으나
나 남에게 있는 건강 있지 않으나
나 남이 없는 것 있으니
나 남이 못 본 것을 보았고
나 남이 듣지 못한 음성 들었고
나 남이 받지 못한 사랑 받았고
나 남이 모르는 것 깨달았네
공평하신 하나님이
나 남이 가진 것 나 없지만
공평하신 하나님이
나 남이 없는 것 갖게 하셨네

찬양을 들으며 내 마음을 요동치게 만든 가사는 '공평하신 하나님'이라는 부분이었다. 송명희 시인은 중증 뇌성마비 장애인인데, 태어날 때 의사의 실수로 뇌성마비로 판정을 받았고, 젊은 시절 원망과 좌절에 빠져 살다가 하나님을 만난 후 이 시를 쓰게 되었다고 한다.

미완성의 숙제가 해결되다

아무것도 가진 것이 없는 송명희 시인이 '공평하신 하나님'을 찬양하는데, 그동안 매우 부담스러웠던 무거운 숙제가 해결된 것 같은 평안이 밀려왔다. 마지막 순간까지 마음을 무겁게 짓누르고 놓아주지 않았던 미완성의 숙제가 해결되어 마치 인생의 답을 찾은 사람처럼 나도 모르게 안도의 눈물을 흘렸다.

기쁨과 슬픔, 안도감과 아쉬움이 교차했던 내 마음에 송명희 시인의 '공평하신 하나님'이라는 가사가 아무 저항 없이 너무나 자연스럽게 하나님의 은혜로 받아들여지는 것이었다. 단식의 비참한 패배로 인한 절망과 복식의 우승으로 인한 기쁨이 모두 공평하신 하나님의 은혜와 긍휼이었다는 사실이 내 온 마음으로 받아들여졌다.

사실 나는 송명희 시인의 '나'라는 복음성가를 부를 때마다 평소 나 자신이라는 생각을 하며 찬양을 부르곤 했다. 금메달을 따지 못한 낙담과 좌절 가운데, 내가 미처 생각하지 못했던 모든 것을 뛰어넘는 하나님의 깊은 속뜻을 깨달은 것 같아 내 안에 은혜가 넘쳤다.

"내 은혜가 네게 족하도다 이는 내 능력이 약한 데서 온전하여짐이라"(고후 12:9)는 하나님의 말씀에, 사도 바울이 역설적인 하나님 은혜를 받아들여 육체의 가시를 몸에 지니고 약한 자의 삶을 기뻐한 것처럼, 나도 내 안에 육체의 가시들을 받아들이며 주님을 위해 더 가난한 마음으로, 사람의 영광이 아닌 하나님의 영광만을 위해 살겠다고 결단했다.

하나님은 나를 낮추셨지만, 나를 아주 버리지 않으시고 긍휼히 여기셔서 복식 금메달을 목에 걸 수 있는 은총을 베풀어 주셨다. 복식은 금메달이 두 개이기에 현정화 선수와 내가 똑같이 하나씩 나누어 목에 걸도록 자비를 베푸신 '공평하신 하나님'의 은혜가 내 속으로 밀려들었다.

자랑하는 인생이 아니라 하나님을 높이며 겸손하게 그분을 의지하고, 낮은 자의 삶을 살도록 낮추신 하나님의 은혜를 깨닫게 해주셨다. 이 모든 것을 깨달을 수 있는 은혜를 주신 하나님께 감사드린다.

"주님, 나의 나 된 것은 주님의 은혜입니다."

04

나의 영원한 멘토,
이에리사 선생님

> 사랑하는 사람은 이해하고
> 이해하는 사람은 사랑한다.
> _ 폴 투르니에

인생에서 만남만큼 중요한 일이 또 있을까. 인간은 만남의 존재이고, 산다는 것은 결국 누군가와의 만남을 의미한다. 우리는 부모와 스승, 친구와 연인, 수없이 많은 사람과의 만남을 통해 삶을 이어간다. 누구를 만나느냐에 의해 행복한 삶을 살기도 하고 불행한 삶을 살기도 한다. 결국, 누구를 만나느냐에 의해 삶은 많이 좌우된다. 운동선수는 훌륭한 지도자를 만나야 실력이 향상되고, 인생의 꽃을 피우게 된다. 스승은 제자를 잘 만나야 가르치는 보람도 느끼게 되고, 열매를 수확하는 기쁨도 맛본다.

만남은 서로 상호보완적이다. 시너지를 내는 만남이 있고, 마이너스를 만드는 만남도 있다. 인생의 변화는 만남을 통해 시작된다. 내 인생 최고의 만남은 이에리사 선생님과의 만남이다.

이에리사 선생님은 단순히 내게 탁구만 가르쳐 준 것이 아니라 인생의 진정한 멘토로서 내 삶을 이끌어 준 분이다. 한국 탁구의 기둥과도 같았던 선생님은 나의 진정한 스승이다. 선생님의 따뜻한 보살핌과 배려가 없었다면 과연 내가 험난한 선수 생활을 제대로 이겨낼 수 있었을까 싶다.

이에리사 선생님을 떠올릴 때면 '어머니, 큰언니, 선생님 또는 하나님' 같은 단어들이 연상된다. '하나님'이란 표현을 쓸 정도로 선수 시절 선생님은 그만큼 나에게 절대적인 존재였고, 함께하는 것만으로도 든든하고 무조건 따를 수 있는 능력자였다.

국가대표 시절에 선생님은 내가 몸이 불편할 때는 새벽 조깅에 나오지 않도록 배려해주셨고, 내가 아파서 훈련에 참여하지 못하면 부족한 훈련을 보충할 수 있도록 경기 영상을 녹화했다가 보여주시는 등 애정 어린 배려를 아끼지 않으셨다. 덕분에 나는 그 영상을 보면서 혼자 이미지 트레이닝을 하며 부족한 부분을 보충할 수 있었다. 또 자신과 같이 펜홀더 그립이었던 제자를 위해 손수 라켓 그립을 깎아주시기도 하고 나의 소소한 일상까지 어머니처럼 자상하게 챙겨주셨다.

게다가 내가 몸이 아플 때면 꿀과 달걀노른자를 아침마다 먹게 해주시고, 노른자가 체질적으로 안 맞는 것을 알고 난 후부터는 선생님의 친언니에게 직접 부탁하셔서 노른자는 제거하고 흰자만 따로 담아 보내서 내가 먹도록 해주셨다.

항상 간염으로 체력이 약했던 나를 안타까워하시며 뉴델리 세계대회에 참가할 때는 마른오징어를 손수 껍질을 벗기고 잘게 잘라서 내가 잘 먹고 힘을 내도록 도와주신 일도 잊을 수가 없다.

선생님의 오징어 덕분에(?) 그 당시 간염으로 최악의 몸 상태였음에도 불구하고 뉴델리 세계대회에서 4개의 메달을 땄다. 그런 믿을 수 없는 힘을 발휘할 수 있었던 것은, 수고를 아끼지 않았던 선생님의 헌신적인 뒷바라지 덕분이었다는 것을 이 책을 통해 밝히고 싶다.

선생님은 항상 화합에 무게를 두시고 운동보다 먼저 마음이 하나 되는 일을 강조하셨다. 그래서 선수들이 그저 같은 방을 쓰는 동거를 넘어 고락을 같이 하길 바라셨고, 어디든 같이 움직이도록 하셨다. 심지어 화장실, 목욕탕까지도. 선생님의 그런 철저한 관리와 신뢰감 속에서 나와 현정화 선수라는 환상의 조합이 이루어져 금메달의 결실을 수확해낸 것이었다.

선생님은 내가 힘들고 어려울 때마다 곁에서 항상 든든한 버팀목이 되어주셨다. 그 당시에는 내가 몸이 불편해서 투정도 많이 부렸는데, 그런 나의 온갖 투정을 다 받아주시느라 정말 힘드셨을 텐데도 힘들다는 내색 한 번 안 하시고 다 맞춰주셨던 선생님을 생각하니 다시 새록새록 그때의 고마움이 떠오른다. 선생님은 나를 제자라기보다는 마치 자식처럼 어머니로서 보듬어 주셨다.

선생님은 여자 탁구팀 최초 여자 감독으로서 나와 현정화 선수가 올림픽 복식 금메달을 땄을 때, 이렇게 눈물의 인터뷰를 하셨다.

"양영자, 현정화의 88올림픽 우승 당시의 기억은 여전히 생생해요. 사라예보 우승 때도 안 울었는데, 서울올림픽 때는 눈물이 주체할 수 없이 흘러서 화장실로 뛰어갔어요. 그때 제 마음은 부모의 마음이었어요. 눈물을 닦고 있는데 한 여기자가 다가왔어요. 소감 한 말씀 해달라고 하는데 말이 안 나오는 거예요. 아이들이 참 대견해요, 참 대견해요. 연습처럼 시합하는 게 쉽지 않은데 진짜 연습 때처럼 해줬어요. 선수들이 정말 좋은 경기를 할 때는 연습할 때처럼 한다고 얘기했거든요."

선생님은 내 인생에서 마치 보약과도 같은 분이었다. 병이 날 때 보약을 먹으면 힘이 나듯이 선생님은 내게 그런 힘을 주는 분이었다. 선생님은 또한 내게 등대와도 같은 분이었다. 등대가 캄캄한 망망대해를 헤매는 배의 위치를 알려주고, 방향을 바로 잡아주는 것처럼 선생님은 나의 길과 인생의 방향을 바로잡아 준 분이었다. 내가 아파하고 고민하며 방황할 때 마치 등대처럼 내 삶의 방향을 알려주고 같이 아파해주신 진정한 나의 스승이었다. 내가 잘될 때 기뻐하고 내가 아파할 때 함께 울어주신 선생님을 나는 사랑하고 존경한다. 선생님만큼 날 잡아준 사람은 이 세상에 없었다.

제자로서 내가 선생님께 보답하는 길은 선생님의 명성에 누가 되지 않도록, 사회에 득(得)이 되는 사람으로 살아가는 것이라 생각된다. 그런 사람, 그런 삶을 살기 위해 지금의 자리에 안주하지 않고 더 노력할 것을 다짐해 본다.

05

나를 가장 빛나는 별이 되게 해준
현정화

> 남과 비교하지 말라
> 그에겐 그의 인생이,
> 나에겐 나의 인생이 있다.
> _ 이무석

내가 현정화 선수를 처음 만난 것은 현정화 선수가 초등학교 6학년 때였던 것으로 기억된다. 그 당시 나는 이일여고 2학년생이었고 이미 국가대표 선수로 활동 중일 때였다.

그 무렵 계성여자 중고등학교 체육관에서 탁구 훈련을 하게 되었고, 거기서 현정화라는 어린 탁구 유망주가 있는데 같이 한번 탁구를 해보면 어떻겠냐는 코치의 요청을 받았다.

나는 어린 현정화를 당연히 이길 것으로 예상해서 핸디 다섯 개를 잡아주고 게임을 했는데, 놀랍게도 내가 지는 돌발상황이 벌어졌다. 어린 초등학생의 깜짝 실력에 모두 놀랐고 나의 뇌리에도 깊이 박혔다.

그 후 몇 년이 지난 1986년 3월, 현정화 선수를 제대로 대면하게 되었다. 당시 나는 한국 여자 탁구의 짐을 홀로 외롭게 짊어지던 때였다.

1983년 도쿄 세계대회를 통해 세계 최정상이 된 나는, 대한민국 탁구의 짐을 내가 혼자서 온몸으로 짊어지고 있다는 무거운 마음으로 세계 선수들을 상대하고 있었다. 그렇지만 세계 최강 중국을 상대로 홀로 감당한다는 것은 실로 역부족이었다.

더욱이 1984년 봄에 내가 간염으로 쓰러진 후에는 수시로 병이 재발해 제대로 힘을 쓸 수도 없는 지경이었다. 내가 그렇게 힘을 못 쓰자 우리 탁구는 각종 국제 대회에서 중국은 물론이고 북한에까지 연전연패하며 구렁텅이로 곤두박질치고 있었다. 그때 혜성처럼 등장한 선수가 바로 현정화였다.

당시 중학교 3학년이었던 그녀는 1984년 영국 주니어 오픈 대회에서 4관왕에 오르며 국제무대에서 자신의 이름을 각인시켰고, 여고 1학년 때 국가대표로 발탁되었다. 그리고 그 여세를 몰아 국내의 강호들을 파죽지세로 물리치며 한국 탁구의 새로운 샛별로 떠올랐다.

현정화 선수와 내가 정식으로 첫 대결을 벌인 것은 1986년 제1회 탁구 최강전 결승전 때였다. 내가 관록과 노련미를 앞세워 그녀를 이기긴 했지만, 이 경기에서 그녀가 보여준 기량은 놀라운 것이었다.

그때만 해도 그녀는 내 비장의 무기였던 스카이서브에 적응력이 부족한 상태라서 45분 만에 3대 0으로 완패를 했다.

그렇지만 그녀는 승부욕과 근성이 워낙 강하고 지는 것을 못 견디는 성격이라 내 스카이서브를 잡기 위해 쉼 없이 노력했고, 결국은 내 서브를 분석하고 적응하며 자신만의 이기는 탁구 방법을 찾는 승부사의 기질을 보여 주었다. 그녀는 한 인터뷰에서 그 당시 심정을 이렇게 토로했다.

"1986년에 열린 제1회 탁구 최강전에서 영자 언니와 내가 처음 격돌했어요. 내심 내가 이길 것이라고 기대했죠. 언니는 몸이 많이 아팠고 훈련도 제대로 못 했거든요. 당연히 반드시 이길 자신이 있었는데 지니까 열 좀 받데요. 이상하게 언니와 나는 게임을 많이 하진 못했어요. 심지어 연습게임도요.
첫 게임은 스카이서브를 제대로 파악하지 못해서 어쩔 수 없이 속수무책으로 당했지만, 그다음 4회 최강전(2회는 언니의 건강상 이유로 불참, 3회도 언니가 우승)에서는 접전 끝에 내가 처음으로 언니를 이기게 되었어요. 그 후 아시안컵에서 언니를 다시 만났는데 내가 거기서도 이겨 2승 2패로 결국 동률이 되었죠. 나는 언니의 현란한 스카이서브와 강력한 드라이브를 받으면서 탁구의 적응력을 높였고, 언니 덕분에 제 탁구 실력이 많이 업그레이드된 거죠.
나는 언니가 있었기에 오늘의 내가 있었다고 생각해요. 당시 언니는 국가대표 에이스였고, 내게는 높은 산과 같은 존재였어요. 언니의 높은 산을 좇아 오르려고 하다 보니 저도 어느새 이렇게 클 수 있었어요. 결국 언니가 제 인생에 큰 디딤돌 역할을 해준 것이죠."

당시 한국 탁구는 중국에 막혀 더는 앞으로 내딛지 못하는 절박한 상황에서 전력을 다해 돌파구를 찾는 중이었다. 단 한 번만이라도 난공불락 중국 만리장성의 벽을 넘는 것이 숙원이기도 했다.

서울올림픽에서 반드시 금메달을 따야 했는데, 마침 현정화 선수가 1985년 9월에 태극마크를 달았고 가장 유망주였다. 우리 둘은 1986년부터 올림픽 금메달을 따기 위한 전략 종목으로 한 팀을 이루게 되었다. 우선 86서울아시안게임을 앞두고 복식조로 호흡을 맞춰 출전했는데 역시 중국의 벽을 넘지 못하고 동메달에 만족해야 했다. 하지만 그 이듬해 뉴델리 세계대회 때부터는 찰떡궁합 복식조로 적수가 없을 만큼 전 경기에서 압도적인 승리를 거두었고, 결승에서도 철옹성 만리장성을 가볍게 무너뜨리고 그토록 고대하던 금메달을 수확하는 기쁨과 감격을 맛보았다.

우리는 환상의 복식 커플

비로소 우리 둘은 세계가 인정한 최고의 환상 복식 커플로 자리매김했다. 사실 우리는 웬만한 남자 선수들도 이길 수 있는 세계 최고의 명콤비로, 탁구가 처음 정식 종목으로 채택된 88서울올림픽에서도 환상의 복식조로 만리장성의 벽을 거뜬하게 넘어버렸다. 아니, 철옹성을 거침없이 무너뜨렸다.

온 국민이 고대하던 올림픽 금메달을 거머쥐고 온 국민과 함께 기뻐했던 순간들을 떠올리면, 서울올림픽 30주년을 맞는 지금도 여전히 짜릿한 감격으로 감회가 새롭다.

"저희는 금메달 딸 수밖에 없었을 거예요. 왜냐하면, 이에리사 감독님이 복식에서는 무조건 금메달을 따야 한다고 해서, 저희는 단식을 아예 접고 복식 연습을 3년간 날마다 서너 시간씩 했어요. 그렇기 때문에 나중에는 눈빛만 쳐다봐도 서로가 뭘 원하는지 알 만큼 서로의 호흡이 아주 잘 맞았거든요."

현정화 선수의 말처럼 우리는 눈빛만 봐도 서로를 알 수 있었고, 호흡마저도 느낄 수 있는 완전한 하나였다. 그녀와 나는 탁구로만 하나 된 것이 아니라 신앙으로도 온전히 하나가 되어 모든 것을 함께했다. 선수촌 숙소에서 우리는 함께 큐티도 하고 찬양도 함께 부르며 기도도 같이 했다. 또 예배도 같이 드리고 함께 웃고 울며 같은 목표를 가지고 같은 꿈을 꾸는 환상의 커플이었다. 나만 그렇게 생각한 것이 아니라 그녀도 자신의 간증 속에서 그때의 일을 회상하며 이렇게 추억했다.

"힘든 선수촌 생활 가운데 신앙은 나에게 큰 위로와 힘이 되어주었고, 신실하게 믿음 생활을 잘하는 선배들을 보면서 어떻게 주님을 믿고 따라야 하는지, 어떻게 기도와 말씀 생활을 해야 하는지 많이 배울 수 있었다. 합숙 생활은 어린 나에게 감당하기 힘들었지만, 내가 하나님을 깊이 만나는 데는 더없이 좋은 장소였다. 그렇게 나를 이끌어 주었던 신앙의 선배 가운데에는 서울올림픽 복식 금메달을 합작한 양영자 언니가 있었다. 돌아보면 그처럼 좋은 믿음의 선배를 만날 수 있었던 것은 하나님께서 내게 주신 큰 축복이었다.

언니와 함께했던 서울올림픽을 생각하면 지금도 가슴이 벅차오른다. 새벽부터 일어나서 온종일 훈련에 매달려야 하는 힘든 나날들이었지만, 당시 언니와 나는 새벽기도와 저녁기도를 빼먹지 않았다. 새벽마다 눈을 억지로 비벼 뜨고는 예배당으로 달려갔고, 저녁에 훈련을 마치고 나면 천근만근 무거워진 몸을 이끌고 교회로 달려가서 기도로 하루를 마감했다."

그 당시 현정화 선수와 내가 함께 하고 있을 때는 세상의 어떤 상대도 두렵지 않았고 겁나지 않았다. 우리는 언제나 이길 준비가 되어 있었고 만리장성도 우리 앞에서는 난공불락의 벽이 아니라 맥없는 울타리에 불과했다.

그것은 우리가 둘이 하나를 만든 힘 때문에 가능했지 누구 한 사람의 기량 때문은 아니었다. 사람과 사람 사이엔 보이지 않는 거리가 있다. 그러나 그 거리를 좁히고 믿음이라는 징검다리를 놓으면, 사람과 사람 사이는 친구가 되고 못 할 일이 없게 된다. 나와 그녀는 그랬다.

기흥 선수촌에서 처음으로 현정화 선수를 만나서 한솥밥을 먹고 동고동락하며 그녀의 일거수일투족을 나만큼 많이 보고 알고 느낀 사람이 또 있을까.

속 깊은 그녀

그 당시 그녀는 나보다 다섯 살이나 어린 동생으로, 청소년 시절에 선수촌 숙소에 들어와 나와 같은 숙소를 사용하며 모든 것을 함께했다. 지금도 그녀를 생각하면 미안한 마음이 앞선다. 좀 더 잘해주지 못한 것이 못내 아쉽기 때문이다.

현정화 선수는 일찍 철든 아이처럼 모든 일을 스스로 잘 해냈고, 나에 대한 배려도 어른스러울 만큼 속이 깊었다. 나는 고질병이던 간염 증상으로 몸이 많이 힘들었을 때라 밤에 깊은 잠을 잘 못 자고 예민한 상태로 잠을 설치며 뒤척일 때가 많았다.

나중에 안 일이지만 그녀는 내가 잠에서 깰까 봐 한밤중에 화장실 가는 것도 참았고, 혹여 화장실을 사용했더라도 변기 물소리가 날까 봐 변기 물을 내리지 않을 정도로 언니인 나를 향한 마음 씀씀이가 남달랐다.
그뿐 아니라 경기 중에도 어떡하든지 실수를 하지 않으려고 부지런히 뛰어다녔고, 나에게 도움이 되고자 애를 쓴 기특한 동생이었다.
운동선수 가운데 현정화 선수만큼 땀을 많이 흘리고 노력을 많이 한 사람을 나는 알지 못한다. 그녀는 그런 땀의 결과로 결국은 남이 못 이룬 탁구의 그랜드슬램을 이루었다.

나는 그런 그녀가 자랑스럽다. 코트에서뿐 아니라 내가 선교지에 있는 동안에도 한국 탁구를 이끌어 준 그녀가 얼마나 대견하고 자랑스럽고 감사한지!
1988년 9월 30일 서울대학교 체육관에서 열린 서울올림픽 결승전에서 19세의 앳된 현정화 선수가 기압을 넣어 "파이팅~! 파이팅~!"을 외치며 나에게 힘을 불어넣어 주던 그 날의 힘찬 파이팅 소리가 지금도 내 귀에 쟁쟁하다.

　현정화 선수와 나는 인생의 가장 황금기인 젊은 날의 중요한 순간들을 함께했다. 아마도 그 순간이 내 삶에서 가장 빛나는 순간들이 아니었을까 추억한다. 나를 이 아름다운 세상에서 가장 빛나는 별로 만들어 준 정화가 고맙고 그립고 보고 싶어진다.

06

함께 멍에를 질 수 없었던
첫사랑

> 연애 감정이란
> 서로가 상대방을 오해하는 데서 생기는 것이다.
> _ 오스카 와일드

중국 선수들 이야기를 하다 보니 내가 정말 좋아했던 한 중국 선수가 생각난다. 이 이야기는 사실 내가 공개적으로 누구에게 한 번도 말한 적이 없는 비밀스러운 이야기지만 이미 많은 시간이 흘렀으니 이제는 공개해도 되지 않을까 싶어 처음으로 공개한다.

그는 중국 남자 탁구 국가대표 선수였는데, 내가 한국 대표로 출전하기 시작한 1981년부터 시합 출전 때면 자주 만난 선수였다. 그는 탁구를 정말 잘 쳤다. 나는 그의 환상적인 탁구 실력에 감탄했고 그의 잘생긴 외모에 매료되었던 것이 사실이다.

그때는 대회가 끝나면 일종의 뒤풀이로 파티가 열렸었다. 이런 파티에 나갈 때면 나는 한복을 곱게 차려입었다. 우리 집이 포목점을 한 탓에 시합 때마다 어머니가 고운 한복을 만들어 주셨기 때문이다. 나는 어깨가 넓은 편이고 머리도 짧은 커트 스타일이어서 한복이 썩 잘 어울리지는 않았지만, 고운 한복을 차려입고 파티에 나가면 정말 인기가 많았다. 특히 외국 선수들은 화려한 한복을 입은 내 모습에 관심을 보이면서 나와 사진을 찍고 싶어 했다.

조심스럽게 이어진 데이트

파티에서는 함께 춤을 추는 시간이 있었는데, 내가 좋아하던 그 중국 선수가 다가오더니 춤을 신청했다. 그는 키도 훤칠하고 외모도 출중한 편이었고, 다른 선수들과는 다르게 '튀는 스타일'이었다. 혼자만 선글라스를 끼고 옷도 가죽점퍼를 입은 채 파티에 참석해서 젊은 여자 선수들의 마음을 흔들어 놓기도 했다.

나는 갑작스런 그의 춤 신청에 가슴이 콩닥콩닥했다. 사실 나는 춤을 춰본 경험도 별로 없고 춤을 잘 추지도 못했지만, 얼떨결에 그가 이끄는 대로 이끌려 그가 리드하는 대로 춤을 췄다. 어색하기 짝이 없었지만 모두가 재미있다고 손뼉을 쳐서 나도 잠시 행복했다.

그 파티 후부터 우리는 연락을 하기 시작했다. 주로 대만 선수에게 부탁을 해서 중국어로 편지도 주고받고 사람들 눈을 피해 몰래 만나기도 했다. 만날 때는 항상 중국어 사전을 들고 나갔다.

지금 생각하면 어설프기만 하고 촌스러운 데이트였지만 당시에는 사실 이것은 엄청난 사건이었다. 아직 우리나라가 중국과 수교가 되지 않은 상태였고, 중국은 중공이라고 부르는 공산국가였다. 공산국가의 사람을 개인적으로 만나서 연애를 한다는 것은 큰 문제가 될 수도 있고 뉴스에 나올만한 엄청난 사건이었다. 하지만 그런 것은 당시 우리 둘에게 별다른 문제가 되지 않았다. 그저 좋기만 했고, 가슴 설레는 시간이었다.

그는 서울에서 열린 1985년 그랑프리 오픈 대회에 참석했다. 나는 사랑의교회 대학부 전도사님에게 그에게 세례를 베풀 수 있는지 여쭈었고, 전도사님은 영어, 중국어가 모두 능통한 분이었기에 그와 함께 만나 이야기를 나눠보고는 그가 믿음이 전혀 없다는 사실을 알게 되었다.

그런데 그 중국 친구가 그 자리에서 마치 내가 자신의 오랜 연인인 것처럼 내 어깨를 감싸 안았다. 물론 나도 그의 그런 행동이 너무 당황스러웠지만, 이런 모습을 지켜본 전도사님은 충격을 받고 이 일을 옥한흠 목사님께 보고했다.

그랑프리 오픈 대회가 끝난 후 나는 옥 목사님의 호출을 받고 교회 목회자실로 불려갔다. 옥 목사님은 대단히 진노하시며 나에게 제정신이냐고 호통을 치셨다. 그렇게 호된 야단을 맞고서도 나는 그에 대한 마음을 쉽게 접을 수 없었다.

이후에도 국제 대회에 나갈 때마다 나는 그를 만났고 편지도 계속 보냈다. 그런데 이상하게도 그는 내가 보낸 편지에 답장을 하지 않았다. 나중에서야 그가 나의 편지를 전혀 받지 못했다는 사실을 알게 되었다.

그것도 모르고 나는 계속 그에게 편지를 보냈다.

중국인 남자친구 이야기를 들으신 어머니도 너무 놀라시고 상심해서 아무 말씀도 없이 긴 한숨만 내쉬었다. 중국인에 대한 인식이 좋지 않았던 어머니는 가장 사랑하는 딸이 중국 남자와 사귀겠다고 하니 얼마나 충격을 받으셨겠는가.

설령 그와 잘 된다고 해도 미래 또한 불투명하기 그지없었고, 제3국에서의 생활도 고려해야만 하는 상황이었다.

결국, 그와의 관계를 지속하는 일은 쉽지 않았고, 마침내 둘이 헤어지는 것으로 마음의 결단을 내리게 되었다. 나는 선수촌 숙소에서 혼자 조용히 기도하며 그와의 관계를 생각하는데 이 말씀이 떠올랐다.

"너희는 믿지 않는 자와 멍에를 함께 메지 말라 의와 불법이 어찌 함께 하며 빛과 어둠이 어찌 사귀며"(고후 6:14).

더 이상 머뭇거릴 수 없었다. 괴로웠지만 결단을 내려야 했다. 마음은 그렇게 먹었지만 서러움이 복받치는 것까지 막을 수는 없었다. 그날 나는 한참을 울었다. 그리고 나서 그에게 이별을 통보했다. 물론 이별 통보도 제대로 전달되었는지는 잘 모르겠지만, 우리는 그렇게 헤어졌다.

그를 다시 본 것은 1986년 서울아시안게임에서였다. 개인적으로 볼 일이 없었기 때문에 멀리서 그가 경기하는 모습을 지켜볼 뿐이었고 물론 그 역시 마찬가지였다.

　서울아시안게임에서 중국 탁구팀은 모든 경기에서 참패했다. 그 역시 남자 단식에서 맥없이 무너졌다. 방송에서는 그가 이번 아시안게임에서 우승을 차지하지 못한 것은 이변 중의 이변이라고 앞다투어 보도했다. 그는 1985년과 1987년 세계선수권대회 단식에서 우승을 차지한 남자탁구의 최고 선수였다. 그런데 유독 86아시안게임과 88서울올림픽에서만 패배한 것이었다.

　내가 네이멍구에 있을 때 탁구를 좋아하는 조선족 식당 김 사장님이 그 선수가 패한 이유를 내게 물었다. 나는 딱히 대답할 말이 없어 반 농담으로 웃으면서 '나 때문에 그렇게 됐다'고 대답했다. 김 사장님도 어이가 없다는 표정으로 같이 웃었지만, 나도 정확한 이유는 알 수 없었다. 그 후로 그를 개인적으로 만나 본 적이 없었기 때문이다. 아무튼, 그는 나중에 중국의 유명한 여배우와 결혼을 했다.

　지금 생각해보면 아마도 나는 그때 그의 인품과 신앙을 보기보다는 그의 잘생긴 외모와 탁구 실력에 반했던 것이 아닌가 싶다. 어쨌든 내게는 아름답고 눈부시게 빛났던 젊은 날, 첫사랑의 아련했던 추억의 한 토막이라 생각한다.

03

지긋지긋했던
우울증,
절망 속에서 만난
평생 인연

01
은퇴,
그리고 어머니의 죽음

> 어머니의 눈물에는
> 과학적으로 분석할 수 없는
> 깊고 귀한 애정이 담겨 있다.
> _ 패러데이

1989년 2월, 문화체육관에서 나는 많은 탁구인이 지켜보는 가운데 은퇴식을 치렀다. 겨우 스물다섯 살, '새파랗게 젊은 청춘' 같지만 그 당시 탁구선수치고는 노장 선수에 드는 때였다. 게다가 간염 증상으로 인한 극심한 체력 소모로 선수 생활을 이어가는 일 자체가 그리 쉽지 않았다. 더욱이 나는 평소에도 서울올림픽을 마지막으로 명예로운 은퇴를 꿈꾸어 왔던 터라, 은퇴하는 일이 자연스럽고 당연했다. 또한 은퇴식을 챙겨주는 탁구협회에도 고마워해야 할 일이었다.

그런데 막상 은퇴식을 하려고 하니 싱숭생숭하고 심란한 마음이 들면서 막연한 두려움과 불안감이 나를 사로잡았다. 탁구 라켓을 바라보고 있으면 나도 모르게 눈물이 흘렀고 그러다 소리내어 엉엉 한참을 울고서야 울음을 그칠 수 있었다. 미리 눈물을 다 쏟은 탓일까. 정작 은퇴식을 진행했던 문화체육관에서나 제일모직 삼성체육관 안에서 방송 기자들과 마지막 인터뷰를 할 때는 다행히 눈물을 흘리지는 않았다.

그렇게 은퇴식은 무사히 마쳤지만 이후에 내 마음에는 걷잡을 수 없는 불안이 엄습했다. 꼭 세상이 끝난 것 같고, 내 인생도 끝난 것 같은 허전한 마음이 나를 정신적 공황 상태로 몰고 갔다.

선수 생활을 하는 동안 정신없이 바빴던 생활과 갑자기 너무 한가해진 생활의 괴리감 탓인지 마치 내가 아닌 다른 사람의 삶을 사는 것 같다는 생각마저 들었다.

일단 나는 무작정 고향 익산으로 내려가 쉬면서 남은 인생을 그려보고자 했다. 하지만 뚜렷한 답을 찾지 못한 채 6개월이 흘렀다. 나는 여전히 불안과 두려움으로 흔들렸다. 그럼에도 나는 제대로 기도도 못하고 사람들의 이런저런 말에 갈팡질팡했다. 영혼과 육신이 모두 침체에 빠졌던 것이다.

나를 아끼는 주변 사람들은 한결같이 속히 마음을 다잡고 지도자의 길을 준비하라고 조언해줬다. 나는 막연히 지도자 생활을 해야겠다는 생각만 갖고 있었지 구체적으로 어떤 지도자가 되고, 그러기 위해서는 무엇을 어떻게 준비해야 하는지에 대해서는 그냥 손을 놓고 있는 상태였다.

탁구 지도자의 길을 걷다

6개월 여가 지날 즈음 이에리사 선생님으로부터 연락을 받았다. 선생님은 나에게 "공부하라"는 당부를 하셨다. 그래서 선생님의 권유로 명지대학원 체육학과에 진학했고, 동시에 제일모직 탁구선수단 트레이너로 지도자 생활을 시작했다.

그런데 지도자 생활이 그리 녹록하지 않았다. 처음에는 그저 선수 시절 내가 훈련했던 방식대로 가르치면 될 거라고 쉽게 생각했는데, 이런 생각은 바로 벽에 부딪혔다. 똑같은 방식으로 훈련을 했는데도 똑같은 결과가 나오지 않았다. 물론 이유는 간단했다. 상대방은 내가 아니었던 것이다. 사람이 다르니 훈련 방법도 선수 개개인의 능력이나 재능에 맞춰 맞춤식 개별지도를 해야 한다는 것을 나중에서야 깨달았다. 그러나 당시에는 나의 문제점이 무엇인지도 모른채 무력감에 빠져들었다.

대학원 공부를 하고 지도자 생활을 하며 몸은 바빴지만 마음은 다시 이리저리 방황하며 자리를 잡지 못했다. 사람들은 그런 내 속도 모르고 내가 모든 것을 다 가진 사람인 듯 부러워했다.

나는 올림픽 금메달리스트였고 삼성 실업선수단 트레이너 코치에, 별 탈만 없으면 감독이 되고 장밋빛 멋진 인생이 펼쳐질 것처럼 보였다. 대통령 최고 훈장인 청룡상 등 다양한 훈장도 받았고, 포상으로 강남의 아파트를 받았으며 금메달 연금까지 다달이 나오니 세상 사람들 눈에는 내가 남부러울 것 없이 다 가진 사람으로 보였던 것이다.

하지만 정작 나는 아무런 행복도 느끼지 못했다. 영혼의 기쁨도 만족도 전혀 느끼지 못했으며, 왜 이것을 하고 있는지, 왜 이것을 해야 하는지 의문이 들었다. 그렇게 삶의 회의가 찾아왔고, 그렇게 또 6개월이 흘렀다. 아마도 그것이 우울증의 시작이었던 것 같다.

나는 그렇게 무너지고 있었는데 교회에서는 내게 간증을 요청해왔다. 모두 거절했다. 내가 사람들 앞에서 무슨 말을 할 수 있다는 말인가. 하루하루가 텅 빈 그릇처럼 공허하고 의미없이 흘러갔다.

어머니의 죽음, 삶이 무너지다

1990년이던 그 무렵 또 하나의 충격적인 소식이 들려왔다. 어머니가 갑자기 서울대학교병원에 입원했다는 소식이었다. 어머니가 입원을 하다니, 내겐 너무 큰 충격이었다. 나 하나도 감당하지 못하는데 어머니까지 쓰러지시니 나는 평정심을 잃고 말았다.

결국, 나는 모든 활동을 중단했고, 서울대학교병원에 입원한 어머니 곁으로 달려가 병간호를 시작했다. 물론 대학원도, 체육관도 가지 않은 채 어머니 곁에만 머물며 꼼짝도 하지 않았다.

어머니는 인내심이 강한 분으로 웬만한 아픔은 내색도 하지 않으셨는데, 항암치료를 받는 동안에 참고 또 참다 견딜 수 없는 고통이 밀려오면, 입술을 깨물며 고통을 삼키면서 신음을 토하셨다. 그런 어머니의 고통을 옆에서 지켜보며 같이 울었고, 아픈 부위를 쓰다듬고 어루만지면서 어머니를 지켜드리지 못한 나의 무기력한 모습에 절규할 수밖에 없었다. 나는 어머니의 발을 주물러 드리면서 날마다 성경 시편 말씀을 읽어드렸다.

병원에서는 이미 어머니의 병세가 위중하고 간암 말기 상태라 전이가 다 되었기에 회복할 가망이 없다며 임종을 준비하라고 했다. 아무리 임종을 준비하라고 했지만, 나는 의사의 통지를 받아들일 수 없었다. 그냥 그렇게 어머니를 쉽게 보내드릴 수는 없었다.

그래서 내가 평소에 알고 있던 체질 전문 최고의 한의사인 권도원 박사님을 찾아가서 어머니의 CD 영상을 보여드리며 살려달라고 간청을 했다. 하지만 이미 몸 전체에 암세포가 전이된 상태라 너무 늦었고, 현재로서는 살릴 방법이 없다는 최후통첩을 받고서야 눈물로 이 모든 것을 내려놓을 수밖에 없었다.

어머니의 삶은 나만을 위한 삶이었고, 나만을 사랑한 삶이었다. 그렇게 나는 어머니의 사랑을 통째로 받고 살았다. 어머니의 모든 것이 내 것이었고, 어머니는 내가 하겠다는 모든 것을 다 들어주셨다. 피아노, 화실, 탁구 등 무엇이든지 내가 말만 하면, 할 수 있는 여건을 다 만들어 주신 어머니이셨다.

그런 어머니를 어떻게 보내드릴 수 있단 말인가. 그렇게 빨리 가시면 나는 어머니께 진 그 많은 사랑의 빚을 어떻게 갚으란 말인가. 그 많은 사랑의 빚을 갚지 못한 정도가 아니라, 아직 제대로 사람 노릇도 한번 못했는데 벌써 가시면 어떻게 하란 말인가.

내가 어머니께 얼마나 잘해드리려고 했고, 또 잘해드려야 하는지 다 알면서도 이렇게 허무하게 가버리시면 나는 훗날 어떻게 어머니를 뵐 수 있단 말인가. 나는 어머니 없는 세상을 단 한 번도 생각해본 적이 없었다. 언제나 어머니는 나와 함께해주실 것만 같았다. 그런데 이제 어머니가 없으니, 어머니 없이 나 홀로 외롭고 쓸쓸해서 어떻게 살란 말인가. 날마다 눈물로 탄식했다.

결국, 어머니는 병원에 입원한 지 한 달 만에 내게 마지막 말씀을 남기고 향년 63세의 나이에 하나님 품으로 떠나셨다.

"영자야, 신앙이 좋고 인품이 좋은 배우자를 꼭 만나거라. 엄마가 하늘나라에 가서도 잊지 않고 기도할게."

02

내 마음속의
쓴 뿌리

> 눈물을 모르는 눈으로 진리를 볼 수 없고
> 아픔을 겪어보지 않은 마음으로
> 사람을 알 수 없다.
> _ 쇼펜하우어

어머니가 급작스럽게 내 곁을 떠나신 후, 내 눈에 비친 세상은 온통 무채색이었다. 일상의 풍경들이 나와 아무런 상관이 없어보였다. 나는 기도만 하면 하나님이 어머니를 낫게 해주실 거라는 일말의 기대를 하고 있었다. 그런데 그 기대가 외면당했다는 생각이 들자 내 마음은 한없이 낙심이 되었다.

시간이 흐르자 심한 감정의 기복이 찾아왔다. 하루에도 몇 번씩 내 마음은 천국과 지옥을 오르내렸다. 심각한 조울증이었는데 종종 환청이 들리기까지 했다. 그렇게 하루하루 더 깊은 늪 속으로 빠져들어 가는 느낌이었다.

누구에게도 말하지 않았지만, 내게는 깊은 마음의 상처가 있었다. 어린 시절, 우리 집은 경제적으로는 별 어려움이 없는 안정된 평범한 집안이었다. 하지만 이것은 그저 겉으로만 드러난 껍데기일 뿐, 안으로는 가족끼리 갈등이 극심했다. 부모님은 자식 문제로 늘 고성이 빈번했고, 분노를 참지 못해 아침 식탁에서 소리 지르는 아버지를 피해 나는 밥도 먹지 않은 채 울며 학교로 뛰쳐나가는 날이 잦았다. 그래서 어린 시절에 나는 사랑이 넘치는 훈훈하고 정이 넘치는 집이 그렇게 부러웠다.

자식 문제로 속을 끓이던 아버지는 결국 일찍 세상을 뜨셨다. 그때 아버지로부터 사랑받지 못하고, 존중받지 못한 고통의 시간이 고스란히 어린 나의 가슴에 트라우마가 되었다. 그때의 심각한 상처와 두려움, 그리고 분노와 좌절이 내 마음속 깊이 뿌리내렸다.

운동할 때는 바빠서 의식하지 못했던 이런 감정들이 은퇴를 하고 어머니가 돌아가시는 과정에서 의식의 표면으로 표출되었다. 그동안 담겨 있던 내 안의 분노와 응어리들이 마치 폭발물처럼 솟구쳐 뿜어 나왔다.

영적 자만, 그리고 환청

국가대표 시절, 나는 내 신앙이 꽤 깊다고 생각했었다. 하나님이 늘 내 곁에 계시고 나와 함께하시며 언제든지 내가 찾고 구할 때 선하게 응답해주실 것으로 믿었다. 주변 사람들은 나를 "탁구 전도자"라 부르기도 했다. 나 자신도 에스더처럼 "죽으면 죽으리이다"(에 4:16)라는 순교의 각오로 말씀을 전할 수 있다고 믿었다.

솔직히 말하자면, 그 당시 나는 사랑의교회에 출석하고 있었는데 옥한흠 목사님과는 내가 영적으로 대등하게 교제할 수 있다고 생각했지만, 부목사님들에 대해서는 오히려 내가 영적으로 한 수 위라고 생각하며 약간은 무시하는 경향이 은연중에 자리잡고 있었다. 그때 내가 읽던 책들은 대부분 목사님들이 선물해주신 책들이었는데, 나는 그런 책들을 읽으며 마치 내가 그 책에 쓰인 내용을 전부 알고 있다고 착각하며 영적으로 오만했었다.

하지만 그런 근거 없고, 유치하고, 오만한 착각은 우울증 앞에서 산산이 부서지고 말았다. 탁구로 금메달을 따고 내 마음의 교만은 하늘 높은 줄 모르고 치솟았지만, 신앙적인 면에서는 저 밑바닥까지 추락해 있었고, 속마음조차도 텅텅 비어 있는 초라한 영혼일 뿐이었다. 나는 영적으로 완전히 고갈된 상태였다. 그런 상태로는 할 수 있는 것이 아무것도 없다는 사실을 깨달았을 때의 그 절망감은 무어라 표현하기조차 어려웠다.

피폐한 내 영혼은 하나님을 찾는 듯 헤맸지만 하나님은 아무 곳에도 계시지 않는 것 같았다. 울부짖음조차 공허한 메아리로 돌아올 뿐 하나님의 대답은 어디에도 없었다. 그렇게 믿음을 잃고 휘청거리며 어린 시절의 트라우마에 끌려다니다 보니 심지어는 이상한 환청까지 들렸다. 그뿐 아니었다. 헛것이 보이기도 했다. 환청을 따라 나도 모르는 행동을 하다가 정신을 차리기도 했다. 이 소리는 반복적이고 집요했다.

그 소리는 간절한 기도에도 나를 떠나가지 않았다. 그 좋아하던 찬양도 내 입에서 나오질 않았고 할 수도 없었다. 나는 은둔자처럼 스스로의 감옥에 갇히고 말았다. 아무도 만나지 않았고 밖에도 나가지 않았다. 어두운 동굴 같은 방안에 갇혀서 헛것을 보고 헛소리를 들었다. 살아 있지만 살아 있지 않은, 살지만 살지 못하는 절망의 바닥으로 끝없이 추락해갔다.

결국, 나는 강남세브란스병원 정신과로 이끌려 갔다. 나를 아끼던 권사님들이 보다 못해 나를 병원으로 데려간 것이었다. 담당 의사는 그 분야에선 전문가로 경험도 많으신 분이라 나를 최대한 배려해주셨다. 혹시 기자들 눈에 띌까 염려하여 병원 정신과가 아닌 다른 별도의 공간에서 상담을 진행하기도 했다. 차트에도 내 이름 '양영자' 대신 오빠 이름을 잠시 사용하도록 해주시는 세심한 분이셨다.

"미친 사람은 '스스로 미치지 않았다'라고 생각하기 때문에 미친 것"이라는 우스갯소리가 있다. 그런데 정말 그때 내 상태가 그랬다. 권사님들이 나를 병원으로 데려가려 할 때도 발끈해서 "내가 왜 정신과를 가는데? 내가 무슨 문제가 있다고?" 하며 모든 것을 부정하려 했다. 마지못해 병원에 다니면서도 나는 그저 며칠만 진료를 받으면 곧 나아질 것으로 생각했다.

하지만 내 우울증은 생각보다 심각했다. 기대만큼 빨리 낫지 않았다. 나는 상담과 약물치료를 병행해서 통합 치료를 받았는데 상담 기간이 길어졌다. 당시에 의사가 내 이야기를 해보라고 했지만 별로 할 말이 없었다. 평소 말수가 많은 편도 아니었고 나는 다른 사람들의 이야기를 주로 듣는 편이었다.

게다가 처방약도 챙겨 먹지 않았다. 그냥 방 한구석에 던져놓고는 거들떠보지도 않았다. 때로 병원을 갈 수 없을 만큼 증세가 심각하게 악화되면 담당 의사가 직접 집으로 찾아오기까지 했다. 그때 난 큰오빠 집에서 살고 있었는데, 하루는 어린 조카가 새언니에게 이렇게 묻는 소리가 들렸다.

"엄마, 고모는 왜 저렇게 짐승처럼 살아? 온종일 방구석에 처박혀서 왜 나오지도 않고 꼼짝도 안 해?"

그 말을 들으니 내가 정말 짐승 같다는 생각이 들었다. 내 몰골과 행동을 보면 조카의 말이 맞다는 생각이 들 만큼 나는 사람의 모습이 아니었다. 우울증 증상은 다양한 형태로 나를 괴롭히기도 했다.

계속 우울한 기분이 들 뿐 아니라 무척 예민하게 굴었다. 일상생활에서는 흥미나 즐거움을 전혀 느낄 수 없었다. 살이 많이 쪘고, 나도 모르게 좋아하는 음식을 폭식했다. 밤에는 잠을 이루지 못하는 날이 많았고, 늘 초조하고 불안했다. 자주 피곤했고, 의욕이 바닥이라 어떤 일도

하고 싶지 않았다. 내가 무가치한 느낌이 들었고, 죄책감 또한 많이 들었다. 그리고 사고력이나 집중력, 심지어 판단력도 떨어졌다. 물론 자신감 같은 것은 찾아볼 수 없었다. 한마디로 잠언에서 "자기의 마음을 제어하지 아니하는 자는 성읍이 무너지고 성벽이 없는 것과 같으니라" (잠 25:28)고 한 마음의 상태로, 모든 것이 무너져 폐허가 되어버린 무방비 상태였다.

가끔은 자살 충동도 느꼈다. 그렇다고 자살을 할 수는 없었다. 혼란스럽고 멍한 의식 속에서도 나는 기독교인이기 때문에 자살하면 안 된다는 생각은 변함이 없었다. 그러다 우울증 약을 먹고 죽자는 생각이 들었다. 나는 스스로 병에 걸렸다는 자각과 인정을 하지 않은 상태였기 때문에 우울증 약을 먹으면 서서히 죽게 될 것 같았다. 그렇게 되면 아무도 자살로 여기지 않을 테니 좋은 생각 같았다.

참으로 터무니없고 어처구니없는 발상이었지만 당시에 내 의식은 그렇게 굳게 믿었다. 그래서 그동안 쌓아두기만 했던 약을 꺼내 먹기 시작했다. 내 어리석은 생각으로는 죽으려고 먹은 그 약이 결국 치료제가 되어 내가 심신을 회복하는 데 큰 도움을 주었다.

03

우울증 가운데 비췬
말씀의 빛

> 두려운 것은 고통 자체가 아니라
> 의미 없는 고통이다.
> _ **도스토옙스키**

사실 나는 선수 생활을 은퇴하면 '낮엔 해처럼 밤엔 달처럼' 찬양 가사처럼 살고 싶다는 소박한 꿈을 꾸었다. 나는 정말 그렇게 살고 싶었다. 아무런 욕심도 없이, 가난하고 지친 영혼들을 온전히 주님께 인도하며 그렇게 이름도 없이 빛도 없이 살고 싶었다. 그런 찬양이 우울증으로 고통당하는 내게 나의 찬송이 되어줄지는 미처 몰랐다.

나의 우울증을 치료하기 위해 권사님들은 당시 남서울교회에서 큐티 사역으로 많이 알려진 김양재 집사님(현 우리들교회 담임목사)에게 나를 데려가 주셨다. 나는 비록 극심한 우울증 증상으로 깊은 어둠 속에서 헤매고 있었지만, 잠깐잠깐 말씀의 광채가 내 속을 비추는 것을 경험했다.

한번은 큐티를 하는데 예수님께서 마태복음 25장 45절에서 "지극히 작은 자 하나에게 하지 아니한 것이 곧 내게 하지 아니한 것"이라는 말씀의 광채가 내 마음속을 비추었다. 그러면서 그동안 나만을 위해 살아온 지난날의 이기적인 삶이 너무나도 부끄럽게 느껴졌다.

올림픽 금메달을 따기 위해 모두가 수고를 했는데 나만 박수를 받고, 주변의 후배들과 메달을 따지 못한 동료 선수들이 손뼉 치는 모습이 말씀의 거울에 비춰지는데, 그들의 섭섭한 마음을 헤아리지 못했던 이기적인 내 모습이 너무나 미안한 마음이 들었다. 그날, 나는 나 자신을 참 많이 반성했다.

후배들에게 "너희들도 더 잘할 수 있어."라고 말하지 못하고, 동료 선수들에게 "다음에는 좋은 결과가 있을 거야."라고 위로하지 못했던 나의 부끄러운 모습과, 남자 트레이너들이 탁구 연습 상대를 해주고 도움을 준 일들을 고맙게 여기지 못하고 오히려 투덜거린 일들이 떠올랐다.

작은 자들에게 냉수 한 그릇 대접하지 못하고 나만을 위해 잘못 살아온 지난날의 부끄러운 삶의 모습들이 말씀의 광채에 비춰졌다. 나는 그런 나의 모습을 바라보며 이제는 더 욕심부리지 말고, 가난한 영혼과 지친 영혼을 위해 나의 남은 인생을 살아야겠다는 작은 소망이, 상처받고 우울한 내 영혼 속으로 잠깐이나마 빛처럼 밀려들었다. 그것 또한 주님의 은혜였다. 그래서 이 찬양은 우울증의 힘든 상황 속에서 나의 인생의 주제곡처럼 많이 불렀다.

낮엔 해처럼 밤엔 달처럼 그렇게 살 순 없을까
욕심도 없이 어둔 세상 비추어 온전히 남을 위해 살듯이
나의 일생에 꿈이 있다면 이 땅에 빛과 소금 되어
가난한 영혼 지친 영혼을 주님께 인도하고픈데
나의 욕심이 나의 못난 자아가 언제나 커다란 짐 되어
나를 짓눌러 맘을 곤고케 하니 예수여 나를 도와주소서

큐티 모임에 참여하면서 말씀의 광채가 다시 한번 내 마음의 거울에 강하게 비추어준 말씀이 있었다.

"사람이 흑암과 사망의 그늘에 앉으며 곤고와 쇠사슬에 매임은 하나님의 말씀을 거역하며 지존자의 뜻을 멸시함이라"(시 107:10-11).

이 말씀은 내가 우울증에서 벗어나는 데 큰 도움을 준 말씀이기도 했다. 나는 큐티를 통해 이 말씀을 나누면서 내가 이런 곤고를 당하고 우울증의 쇠사슬에 묶이게 된 원인을 찾게 되었고, 말씀을 통해서 잠시나마 나 자신을 되찾는 은혜를 경험했다.

"그가 그의 말씀을 보내어 그들을 고치시고 위험한 지경에서 건지시는도다"(시 107:20).

은퇴 이후에 나는 하나님의 일에 우선순위를 두기보다는 은연중에 세상의 야망과 명예욕에 사로잡혀 있었고, 이전과 신분이 달라지면서 하

나님 보다 세상의 것에 더 집착해왔음을 깨달았다.

말씀의 광채가 비춰지면서 하나님과 멀어지고 곤고와 우울증의 쇠사슬 속에서 흑암과 사망의 고통으로 신음하는 나 자신을 잠깐씩이지만 인식할 수 있었다. 이제 다시는 하나님을 거역하며 고통의 쇠사슬에 묶이고 싶지 않았다.

그럼에도 불구하고 나는 자주 걸려 넘어졌다. 나의 바람과는 달리 우울증은 집요했고 끈질기게 나를 물고 늘어졌다. 말씀의 빛에서 멀어지는 순간 나를 벼랑 끝으로 내몰고 순식간에 어둠으로 이끌고 갔다.

나의 어둠은 너무 깊어서 하늘을 온통 잿빛으로 가렸다. 걱정과 근심은 내일의 슬픔을 덜어주는 것이 아니라 오늘의 힘마저 갉아먹어 버리는 해충이었다. 내 마음의 푸른 하늘은 언제 열릴지 도무지 알 수 없었다. 내 눈엔 그렇게 눈물이 흘렀고, 아픈 날들이 끊이질 않았다.

04

인도네시아에서 만난
평생 인연

> 사랑은 나의 영혼을
> 누구에겐가 던지는 것이다.
> _ 그라시안

      우울증에서 빠져나오지 못하고 칩거하는 시간이 길어졌다. 그러자 신문이나 잡지에 이상한 기사들이 나돌기 시작했다. 처음에 '양영자 은둔'으로 시작된 기사들은 시간이 지날수록 이상한 방향으로 흐르기 시작했다. 급기야 이런 기사들이 '양영자 스캔들'로 살을 붙여 엇나가기도 했다. 내가 아무 데도 모습을 드러내지 않는다고 누구와 동거를 한다는 등 추측성 음해 기사들이 난무했다. 정말 어처구니없는 기사들이었지만, 내가 아무런 반응을 보이지 않자 기자들은 아예 터무니없는 소설들을 써대기 시작했다.

      나중에는 기자들이 집 앞에 진을 치고 대기하며 내가 집에서 나오기만 기다렸다. 물론 나는 의도적으로 그런 기사들을 무시하려고 애썼지만, 자꾸 신경이 거슬렸다. 가만히 내버려 두어도 힘든 상태였는데 이런 언론의 움직임은 나를 더 힘들게 만들었다.

그럴 즈음, 사랑의교회 권사님 한 분이 나의 힘든 상황을 아시고, 인도네시아 자카르타로 초청을 해주셨다. 하지만 나는 혼자서 자카르타로 갈 엄두가 나지 않아 머뭇거리며 결정을 미루었다. 그러자 권사님은 본인이 귀국해서 나를 직접 데려가 주겠다고 안심시키시고는, 정말 들어오셔서 자카르타로 데려가 주시는 수고까지 감수하셨다.

주변의 과도한 관심이 한없이 부담스러웠던 나는 결국 권사님을 따라 한국을 떠나 자카르타에서 40일 가량을 머물렀다. 그 기간 동안 내 인생에 어떤 변화가 일어날지 나는 전혀 예상하지 못했다. 자카르타에서 지낸 40일은 하나님의 예비하심이었다. 그곳에서 결국 내 일생의 반려자를 만났기 때문이다.

나를 초청해주신 '자카르타 권사님'은 에너지가 넘치는 분이었다. 물론 나의 기분을 전환하기 위해서 의도적으로 그러신 것이었겠지만, 집에만 있으려고 하는 나를 가만 놔두지 않고 이곳저곳으로 마구 끌고 다니셨다. 삶에 활기를 불어넣기 위해 골프장도 데려가 주셨고, 수영장, 볼링장, 영화관 등으로 나를 이끌어 주셨다. 심지어는 한인교회에 데려가서 간증까지 시키셨다. 권사님께는 죄송하지만, 솔직히 나는 하나도 즐겁지가 않았다. 그저 아무 생각 없이 따라다녔을 뿐이었다.

그러던 어느 날, 자카르타 코트라(KOTRA, 대한무역투자진흥공사) 관장이자 온누리교회 장로님과 권사님의 점심 약속 자리에 나도 동석하게 되었다. 한 호텔에서 만나기로 약속했는데, 호텔에 도착해보니 한 청년이 장로님과 함께 대화를 나누는 모습이 보였다. 그는 연합통신(YTN) 기자라고 했다. '이영철'이 그 기자의 이름이었다. 그는 취재 때문에 동남아로 출장을 다녔는데, 대만과 태국을 거쳐 마지막으로 인도네시아를 취재하는 중이었다. 그때 그는 장로님을 인터뷰하기 위해 만난 것이었는데, 우리와 시간이 겹쳐 함께 식사를 하게 되었다.

난 그 자리가 몹시 불편했다. 한국에서 기자를 피해 자카르타까지 도망치다시피 왔는데, 자카르타에서 또 기자를 만났다는 것이 기분이 별로 좋지 않았다. 아니 떨떠름하고 찜찜했다.

무엇을 먹었는지도 모르게 어수선한 점심을 먹고 권사님의 집으로 돌아왔다. 그런데 그 기자의 얼굴이 낯설지 않았다. 어딘가 모르게 익숙한 얼굴이었는데 나중에 그 이유를 깨달았다. 알고 보니 그 기자는 사랑의교회에 출석하고 있었으며 나는 교회에서 그와 몇 번 조우한 적도 있었다. 하지만 당시는 그저 '어디선가 본 사람인데…' 하는 정도가 그 기자에 대한 내 기억의 전부였다. 하나님이 일을 진행하시는 방식은 늘 신비롭기만 하다. 이 우연한 만남으로 결혼까지 이어질 줄을 당시의 내가 어떻게 알 수 있었겠는가!

두런두런 인터뷰하던 중 장로님은 문득 이 청년을 전도하면 좋겠다는 생각이 들어, 혹시 교회에 다니느냐고 물었다. 이 질문이 우리 만남의 단초를 제공했다. 사랑의교회에 출석한다는 사실을 알게 된 장로님이 권사님에게 이 사실을 알리셨고, 권사님은 흥분하며 기뻐하셨다. 그러고는 곧바로 그 기자를 권사님 댁으로 초대했다. 이렇게 해서 이영철 기자와 나와의 두 번째 만남이 자연스럽게 이루어졌다. 함께 저녁식사를 하는 동안 '과도하고 충분히 부담스러운' 권사님의 질문 공세가 이어졌다.

"아버지는 뭐 하세요? 형제가 어떻게 되나요? 사랑의교회는 언제부터 출석했어요?"

이런 대화 속에서 나는 별다른 관심 없이 묵묵히 밥만 먹었다. 그야말로 관심이 1퍼센트도 없었다. 당시 나는 남자에게 관심도 없었을 뿐 아니라 더더욱 결혼은 나와 관계없는 남의 이야기로 생각했다. 우울증 때문이었다.

혹 결혼을 한다고 하더라도 내가 이런 상태에서 아이를 낳게 되면 틀림없이 정상적인 아이가 태어날 수 없을 것 같았다. 그러니 그런 상태에서 남자를 만나는 일은 절대로 일어나서는 안 될 일이었다.

권사님의 집념

'자카르타 권사님'은 집요한 분이었다. 쉽게 물러설 기미가 보이지 않았다. 이영철 기자가 출장을 마치고 한국으로 귀국하기 전날 밤, 다시 한번 권사님은 그 기자를 댁으로 초대하셨다. 그러더니 아예 단도직입적으로 물었다.

"이 기자님, 여자친구 있어요? 영자 어때요? 사귈 생각 없어요?"

황당하고 천연덕스러운 질문에 나는 아연실색했지만 그는 예상치 못한 답을 했다.

"저야 좋지요!"

이 한마디가 내 삶을 완전히 바꿔놓을 줄을 누가 알았겠는가. '탁구선수 양영자'에게 또 다른 정체성이 부여되는 순간이었고, 하나님이 내게 새로운 비전을 보여주시는 순간이기도 했다. 물론 당시로써는 그도 나도 전혀 알 수 없는 일이었지만, 하나님의 계획하심 속에 모든 것이 진행되고 있었다.

나중에 남편에게 왜 그때 "좋다"고 답했냐 물었더니, 대답이 싱겁기 그지없었다. 그는 이미 교회에서부터 나를 알고 있었고, 권사님의 질문에 '호박이 넝쿨째 굴러 들어오네.' 하고 생각했다는 것이었다.

그의 눈에 비친 나는 올림픽 금메달리스트였고, 은퇴 이후 살은 좀 많이 쪘지만(당시 나는 몸무게가 10kg 정도 늘어 있었다.) 별로 말수가 없는, 아니 거의 말을 하지 않는 내가 그저 남편의 말에 절대 순종만 할 것 같은 착한 여자로 보였다는 것이었다. 물론 내가 극심한 우울증을 앓고 있다는 사실과 나의 진짜 모습을 남편은 전혀 알지 못했었다.

더듬어 생각해보니 사랑의교회 청년부에서 그와 관련된 몇 가지 기억들이 떠올랐다.

한 가지 기억은 그가 6개월간 직장을 휴직하고 예수전도단 DTS 훈련을 받고 돌아와서 청년부 모임에서 간증하는 것을 들었던 일이다. 말이 어눌하고 긴장을 많이 한 탓인지 땀을 뻘뻘 흘리면서 간증하기에 그 모습을 안타깝게 지켜보았던 기억이 떠올랐다.

그리고 또 한 가지는 청년부 모임에서 모두 함께 찬양을 부르는데, 맨 앞줄에 앉아서 혼자만 유독 손을 높이 들고 찬양을 부르는 청년이 있어 좀 특별하다, 아니 유별나다는 생각을 했었는데 그 청년이 바로 이영철 기자였던 것이다. 참고로 그 당시는 손을 들고 찬양을 하는 사람이 흔하지 않을 때였다. 나 역시 그 청년의 찬양하는 모습을 지켜보며 혼자 너무 티를 내며 찬양한다고 비판적인 시각으로 바라보았던 기억도 떠올랐다.

솔직히 그는 인간적으로 내가 좋아하는 유형의 남자가 아니었다. 그 당시 나는 '기자'라는 소리만 들어도 경기(驚氣)를 일으켰는데 그가 기자 출신이었다. 또한 곱슬머리에 쌍꺼풀이 있고 더군다나 안경까지 낀 모습은 내가 원하는 이상형의 배우자 외모와는 한참 거리가 멀었다.

내가 바라던 배우자 상은 풍기는 외모가 강인하고 나를 확 휘어잡을 수 있는 매력 있는 사람이었다. 하지만 그는 강인함과는 거리가 먼 사람으로 오히려 연하고 부드러운 스타일의 사람이었다. 그러나 이상형은 어디까지나 나의 바람이었고 상황은 많이 다르게 흘러갔다.

어찌되었든 권사님의 성화에 못 이겨 결국 나는 이영철 기자에게 전화번호를 넘겨주었다. 하지만 사실 그 번호는 우리 집 전화번호가 아니라 나의 멘토였던 이에리사 감독님의 개포동 집 전화번호였다. 특별한 의도가 있었던 것은 아니었지만, 아무 생각 없이 그 번호를 알려주었던 것이다. 그렇게 자카르타에서의 만남은 일단락 지어졌다. 그는 취재를 마치고 귀국했고, 나 역시 얼마 후 자카르타를 떠나 한국으로 돌아왔다.

이영철 기자의 청혼을 받다

얼마의 시간이 흐른 후 그가 내게 전화를 했다. 엄밀히 말하면 내가 알려준 이에리사 선생님 댁으로 전화를 걸었던 것이다. 나를 찾는 낯선 남자의 전화에 이 선생님이 "그런 사람 여기에 없다"며 단호히 답하자 그는 무척 당황했다고 한다. 다시 번호를 확인했지만, 알려준 전화번호가 틀림없어서 여러 가지 생각이 들었던 그는 하나님의 인도하심이 무엇인지 알고 싶어 금식하며 기도를 하기도 했단다.

처음에는 3일 금식기도를 할 작정이었으나 얼마 되지 않아 마음속에 강한 확신이 들었다고 한다. 이 여자가 하나님이 주신 내 반려자라는 확신이었다. 그는 다시 40일 동안 아침마다 금식기도를 시작했다. 배우자를 위한 기도였다. 그리고 그 금식기도의 마지막 날 그와 나는 교회

계단 층계에서 다시 운명처럼 마주쳤다.

한국으로 돌아온 나는 상태가 약간 호전되어 유년부 교사를 맡던 중이었다. 계단에서 나와 마주친 그는 다짜고짜 따지듯이 이렇게 물었다.

"왜 잘못된 전화번호를 주셨죠?"

이렇게 해서 다시 우리의 만남이 시작됐다. 그는 내가 우울증에 걸린 후 처음으로 만난 '의지할 만한 사람'이었다. 나와의 만남을 위해 40일 동안 아침 금식기도를 할 만큼 그는 나에게 관심을 가지고 기도를 한 사람이었다. 한마디로 유일하게 나를 받아주는 편하고 믿음직한 사람이었다. 그래서 그 사람 앞에서는 무슨 말을 해도 괜찮을 것 같았다.

비록 겉으로 드러난 외모는 화려하지 않았지만 마음만은 세상의 어떤 사람보다 넓었고 진국처럼 느껴졌다. 그는 영적으로 침체되어 있던 나를 위해 아침마다 자신이 큐티한 내용을 보내주었다. 나를 위해 새벽기도를 하고 연합통신 기자 생활을 하면서도, 교회에서는 누구보다도 신앙생활에 열심이 특심한 사람이었다. 그동안 내가 만나 보지 못했던 신실한 청년이었고, 믿음직한 신앙의 사람이었다.

내가 그와 교제하고 있음을 알게 된 교회의 집사님 한 분이 그에게 진지하게 물었다. 이 집사님은 나를 카운슬링하고 있었기 때문에 내 상태에 대해 누구보다 잘 알고 계셨다. 그래서 그에게 "영자는 심각한 우울증에 시달리고 있고 환청도 들릴 만큼 병이 위중하다. 그런데도 괜찮겠냐?"고 물으셨던 것이다. 이때 그는 이렇게 대답했다고 한다.

"저는 영자 자매가 올림픽 금메달리스트라서 만나는 것이 아닙니다. 비록 우울증을 앓고 있다고 하더라도 계속 만나서 도움을 주고 싶습니다."

이런 그의 마음을 나는 다 이해할 수 없었다. 난 나의 상태에 대해 그에게 전혀 말하지 않았다. 만남이 계속되자 내가 그를 속이고 있다는 심한 자책감이 들었다. 옳지 않은 일이었기에 사실을 털어놓아야만 했다. 만날수록 마음의 부담감이 더욱 커져 하루는 용기를 내어 고백을 했다.

"나는 나 자신이 다른 사람들과 다른 것처럼 느껴져요. 마치 꿈속을 살고 있는 것과 같은 상태예요. 내 병명은 우울증이에요."

묵묵히 이야기를 듣던 그는 별다른 반응 없이 "그래도 괜찮다"고 짤막하게 대답했다.

그 일이 있은 지 얼마 후 우리는 양재동 시민의숲을 함께 산책하며 대화를 나누었다. 그는 말하고 나는 주로 들었다. 그런데 갑자기 그가 진지한 표정으로 "나이가 찼으니 결혼을 전제로 만났으면 좋겠어요." 하고 말했다.

그는 서른한 살, 나는 스물여덟 살이었다. 그때만 해도 서른한 살은

적은 나이가 아니었다. 이미 노총각 반열에 오르고도 남을 만큼 '꽉 찬' 나이였고, 나 역시 여자로서 적은 나이가 아니라 노처녀 소리를 듣기 일보 직전이었다.

그러면서 그가 먼저 자신의 손을 내게 내밀었다. 부드럽지만 강인하고 믿음직한 손이었다. 나는 멋쩍게 내민 그의 손을 바라보며 잠깐 망설였다. 그는 나를 진지하고 엄숙한 표정으로 바라보며 다시 한번 더 손을 힘 있게 내밀었다. 순간 나도 모르게 그가 내민 손을 붙잡았다. 그렇게 해서 우리는 우여곡절 끝에 결혼에 골인했다. 하나님이 허락하신 반려자가 바로 그였던 것이다.

05

삶의 빛이 되어준
남편

> 인생에 있어서 최고의 행복은
> 우리가 사랑받고 있음을 확신하는 것이다.
> _ 빅터 위고

나는 남편을 평생의 반려자로 주신 하나님께 감사한다. 내가 흑암의 질곡 속에서 헤매고 있을 때 그는 내게 손을 내밀었고, 나의 어둠 속으로 뛰어들어 곁에서 함께 손을 맞잡고 걸어준 유일한 사람이었기 때문이다.

그의 따뜻한 마음과 배려로 나는 큰 위안을 얻었고 다시 일어설 수 있는 용기를 가질 수 있었다. 그렇게 그는 나의 든든한 버팀목이 되어 주었다. 나의 모난 성격과 부족함을 채워 줄 수 있는 유일한 사람은 나의 남편 이영철 선교사 한 사람밖에 없다고 지금도 확신한다. 지나온 모든 힘든 과정을 생각하면 할수록 남편은 내게 둘도 없이 감사한 사람이다. 하지만 현실에서는 그에게 고마운 내 마음과는 정반대의 반응을 했다.

봄, 여름, 가을, 겨울의 변덕스러운 사계절 날씨처럼 결혼 생활 역시 사계절의 험난한 변화를 경험하게 된다고 생각한다. 나 역시 결혼 초는 그다지 평탄하지 못했다. 여전히 우울증에서 회복되지 못한 상태였고, 자주 화를 내고 예민하게 반응했다. 결혼 전에도 나는 남편을 여러모로 힘들게 했다.

처음 그가 시부모님에게 나를 소개하기로 한 날, 나는 약속 장소인 힐튼 호텔에 나타나지 않았다. 미래의 시부모님을 첫 만남 약속부터 펑크를 내고 보기 좋게(?) 한 방 먹인 꼴이었다. 그가 시부모님에게 결혼 약속을 한 여자를 처음으로 인사시키겠다고 해서, 며느리 될 여자를 보려고 경상도 대구에서 서울까지 먼 길을 올라오신 부모님이 호텔에서 기다리시는데, 시간이 아무리 흘러도 연락도 없이 여자가 나타나지 않았다고 생각해보라. 그와 부모님이 모두 얼마나 난감하고 민망했을까! 그가 얼마나 부모님 앞에서 어쩔 줄 몰라 하며 당황했을지 지금 다시 상상만 해도 쥐구멍에 들어가고 싶은 심정이다. 나는 사실 이 모든 것을 예상했지만, 극도의 두려움 때문에 나타나지 못했다.

남편이 내민 손을 잡기는 했지만, 여전히 나는 결혼할 준비가 되어 있지 않았다. 결국, 나중에 다시 약속을 잡아 시부모님을 만나서 자초지종을 말씀드리기는 했지만, 나는 결혼한다는 사실이 그다지 행복하지 않았다. 그저 모든 것이 두렵고 힘들기만 했다.

이런 나로 인해 그도 참 많이 힘들어했다. 나는 불같이 화를 내기도 했고, 화가 나면 그 분노를 삭이지 못하고 물건을 집어던지기도 했다.

결혼 전에는 전혀 알 수 없었던 이런 나의 비상식적이고 정상적이지 못한 행동들을 지켜본 남편은 나를 이해하려고 무진 애를 썼지만, 많이 실망하고 충격을 받은 듯했다. 당시 그는 '이런 사람과 어떻게 평생을 같이 살지?' 하고 생각했다고 한다.

한번은 부부싸움을 하다가 화가 머리끝까지 치밀어 내가 집 밖으로 뛰쳐나간 적이 있었다. 물론 나는 집을 나가면서 그래도 곧 남편이 따라 나와서 잘못했다고 빌 줄 알았다. 그러나 그는 따라 나오지 않았다. 막상 집을 뛰쳐나오긴 했지만, 나는 따로 갈만한 마땅한 곳이 없었다. 그래서 한참 집 주변을 배회하다 결국엔 머쓱한 표정으로 다시 집으로 향했고 현관문을 열었다.

그런데 이게 웬일인가! 그가 현관문을 잠가 놓은 것이었다. 자존심이 무척 상했다. 하지만 달리 방법이 없었고, 어쩔 수 없이 현관문을 두드리자 한참 만에 그가 나타났다. 다소 굳은 표정으로 그가 문을 열어주며 이렇게 말했다.

"앞으로는 아무리 힘들고 화가 나더라도 집을 뛰쳐나가는 일만은 삼갔으면 좋겠어요."

남편의 말을 들으며 나는 미안한 마음이 들었고, 그의 말이 옳다고도 느꼈다. 그렇지만 나는 아무런 대꾸도 하지 않고 곧장 방으로 들어가서 가만히 나와 그의 관계를 생각해보았다.

마침 영국 여왕 부부가 결혼을 하고 신혼 초에 한 부부싸움 이야기가 떠올랐고, 우리 부부의 이야기와는 정반대라고 생각되어 씁쓸한 미소를 지었다.

빅토리아 여왕이 독일 작센 공의 차남인 알버트 공과 결혼을 했다. 그런데 알버트 공과 결혼한 지 얼마 안 되어 부부싸움을 했는데, 알버트 공이 화가 나서 방문을 잠그고 들어가 버렸다. 한참 시간이 흐른 뒤에 빅토리아 여왕이 방문을 두드렸다.

"누구요?"

"여왕입니다."

알버트 공은 아무 말도 하지 않았다. 아무리 기다려도 반응이 없자 빅토리아 여왕은 좀 화가 난 듯 다시 문을 두드렸다.

"누구시오?"

"여왕입니다."

알버트 공은 이번에도 아무런 답변이 없었다.

빅토리아 여왕은 한참을 생각에 잠겨 있다가 다시 조용히 문을 두드렸다.

"누구시오?"

"당신의 아내입니다."

그제서야 알버트 공이 반가운 얼굴로 문을 활짝 열어 주었다는 일화다. 이 에피소드는 마치 나를 두고 한 말 같았다.

남편은 부드럽고 온화한 성품을 가져서 내가 예민하게 반응하며 아무리 화를 내도 나와 맞서지 않았다. 더욱이 우울증 증상으로 나 자신을 통제하지 못하는 것을 그가 이해했기에, 나의 급한 성격을 다 받아주려고 노력했다. 그렇지만 그 역시 사람이었고, 아침저녁으로 바뀌는 날씨처럼 자꾸 바뀌는 나의 기분 상태에 맞추는 일이 쉽지 않았다.

내가 짜증을 부리거나 화를 내면 그는 가능한 한 받아주다가 도저히 나와 상대하기가 힘들 때는 그냥 묵묵히 다른 방으로 피해서 혼자 지내곤 했다. 그런 일이 몇 차례 반복되던 어느 날, 나는 우연히 그의 기도 소리를 듣게 되었다. 그가 빈 방에서 홀로 앉아 하나님께 푸념하듯 이렇게 기도를 하는 것이었다.

"하나님, 아내와 평생을 이렇게 계속 살 수 있을지 자신이 없습니다."

뭔가가 쿵 하며 내 가슴에 떨어진 것 같았다. 둔탁하고 둔중한 울림이었다. 머리를 망치로 한 대 얻어맞은 듯 잠시 세상이 하얗게 보였다. 마음이 찢어지듯이 아팠다. 그 목소리에서 남편의 고통과 슬픔이 고스란히 느껴졌다. 상처 입은 그의 마음이 내 뼛속까지 깊숙이 파고들어 그대로 전달되어 왔다. 분명히 내가 잘못하고 있었다. 내 상처만 보듬느라 나도 모르는 사이 내가 가장 소중히 여기고 있는 사람을 이렇게 아프게 하고 상처를 주고 있었다는 사실을, 나는 전혀 깨닫지 못하고 있었다.

나는 그날 정말 많이 반성했다. 자신을 한없이 자책했고 남편이 나를 받아주는 것처럼, 나 또한 그를 받아주고 그를 행복하게 만들어 주고 싶었다.

 그동안 나는 여왕처럼 나 자신을 굽히지 않았고, 언제나 고자세로 남편을 이기려고만 했다. 착한 남편을 힘들게 한다는 것을 알면서도 미안한 마음조차 갖지 못했다. 마치 여왕처럼 자존심을 죽이지 못하고 군림하는 자세로 온순한 그를 힘들게 했던 부분을 인정할 수밖에 없었다.

 나는 그날 나의 외적인 포장들, 모든 껍네기를 다 벗어버리고 나의 알량한 자존심을 내려놓기로 마음먹었다. 물론 한 번에 모든 것이 바뀌지는 않았지만, 그날 이후부터 조금씩 남편의 입장에 맞추려 노력했고, 우리 부부의 삶도 이전과는 다른 변화를 맛보게 되었다.

우울증의 늪에서 벗어나다

 이런 일들을 겪으면서 나는 아주 조금씩 변화되어 갔다. 이 변화는 치유를 의미한다. 자카르타에서 남편을 만나고 결혼한 후 아이가 태어나면서, 내 일상엔 꽤 많은 변화가 일어났다. 결혼이 개인을 고독과 절망으로부터 구하고, 부부에게 자식이 생기면 삶의 공간 속에서 안정과 기쁨을 얻는다는 것을 알고 있었다. 나 역시 남편과의 결혼을 통해 미처 생각지도 못한 이런 놀라운 선물들을 받고 있었던 것이다. 그러면서도 여전히 나는 예민했고 쉽게 분노했다. 하지만 남편의 보살핌과 기도가 큰 힘이 되어 주었다.

결혼을 한 후로 나는 남편에게 이끌리어 그와 함께 말씀을 묵상하는 경건의 시간을 아침마다 가졌고, 가정예배를 저녁마다 드렸다. 그리고 함께 기도하고 순간순간 함께 찬양을 부르면서 바늘구멍만 한 내 삶의 작은 구멍을 통해 빛이 지속적으로 흘러 들어오는 것을 느꼈다. 그 작은 구멍은 나를 숨 쉴 수 있도록 만들어 주었고, 그것을 통해 들어오는 빛은 나를 살리는 치료의 광선이기도 했다.

변함없이 잿빛이던 하늘이 차츰 푸른 하늘로 바뀌는 경험을 하게 되었고, 아름다운 자연의 고운 빛깔들이 내 눈에 언뜻언뜻 새싹 돋듯 탐스럽게 보이기 시작했다.

물론 드라마처럼 하루아침에 극적인 변화가 일어나거나 자고 일어나 보니 기적적으로 치유가 된 것은 아니었지만, 나는 본래의 내 모습으로 서서히 변화되어 가는 것을 감지할 수 있었다. 그것은 마음의 안정과 평화를 통해서 내면 깊숙한 곳에서 나만이 직감할 수 있는 것이었다.

내가 우울증을 극복하기까지는 나를 아껴준 주변 사람들의 친절한 도움이 큰 힘이 되었다. 상전벽해(桑田碧海)와 같은 나의 변화는 무엇보다 나를 끝까지 포기하지 않고 사랑으로 보듬고 감싼 남편이 있었기에 가능했다.

나는 결혼 생활을 잘하기 위해서는 자기를 죽이는 데서부터 시작해야 한다는 것을 남편을 통해 배웠다. 그는 마치 자기가 없는 사람처럼, 간도 쓸개도 다 빼놓은 사람처럼 나를 위해 그렇게 희생했다. 모든 것을 자신의 탓으로 돌려야 모든 것이 풀린다는 것을 그는 삶으로 직접 보여 주었다.

사실 사람의 관계는 고운 정으로 출발해서 미운 정까지 들어야 그 관계가 더욱 돈독해지고 오래 지속할 수 있다. 왜냐하면, 고운 정보단 미운 정이 훨씬 너그러운 감정이기 때문이다.

그런데 남편의 경우에는 나를 우울증 상태에서 만났기에, 좋았다고 느낄만한 고운 정보다는 미운 정으로 출발해서 미운 정으로 지속한 고통의 시간을 보냈다. 그가 훨씬 너그러운 긍휼의 마음으로 나를 말없이 끝까지 감내하지 못했다면, 우리는 미운 정으로 끝날 수밖에 없는 결혼생활이었다. 그럼에도 불구하고 나를 받아준 남편을 생각하니 한없이 미안하고 더욱더 애틋한 고마운 마음이 느껴진다.

사랑은 나이를 먹어 갈수록 식어 가는 것이 아니라 무르익어 가는 것이다. 이토록 충만한 기쁨과 감동을 줄 수 있는 사람이 또 있을까? 사랑하는 사람, 나의 남편 이영철 선교사. 그는 또 하나의 '나'였다.

나는 이런 쉽지 않은 과정을 몇 번이고 반복하며 우울증으로부터 벗어날 수 있었다. 마침내 나는 그 지긋지긋한 우울증에서 해방되었고, 이전의 나를 새롭게 되찾을 수 있었다.

06
세 명의 권사님과
나의 우울증 이야기

> 인생이란 학교에는 불행이란 훌륭한 스승이 있다.
> 그 스승 때문에 우리는 더욱 단련되는 것이다.
> _ 프리체

내가 우울증을 앓고 있던 당시, 나는 사실 나 자신의 상태에 대해 제대로 인지하지 못했다. 물론 내가 아프고 어려운 상황에 빠져 있다는 사실은 어느 정도 알고 있었지만, 세세한 부분에서는 제대로 기억을 하지 못한다. 아니, 당시를 생각하면 모든 것이 안개에 덮인 것처럼 모든 것이 뿌옇고 어슴푸레할 뿐이었다. 기억까지도 갉아먹는 것이 우울증인지도 모르겠다.

나중에 그 당시 나를 친딸처럼 생각하고 헌신적인 도움을 주었던 사랑의교회 권사님 세 분을 만났다. 김정희 권사님과 김원경 권사님은 매일 우리 집으로 출퇴근하다시피 나를 보살펴 주셨고, 최영숙 권사님은 나를 자카르타로 데려가 우울증에서 벗어날 수 있도록 많은 도움을 주셨다. 내가 지금의 남편인 이영철 선교사를 만날 수 있었던 것도 최 권사님의 도움 덕분이었다.

당시 내 우울증이 얼마나 심각했는지는 그분들의 회상을 통해 생생하게 확인할 수 있었다. 아마 이분들의 도움이 없었다면 나는 정말 심각한 일을 저질렀을지도 모른다. 생각만 해도 끔찍하고 아찔하다. 그래서 이분들은 내겐 너무 고마운 분들이고 그 은혜를 평생 다 갚을 길 없는 분들이다. 이분들은 나를 위해 매일 기도하고 나의 회복을 위해 어머니처럼 백방으로 뛰어다닌 분들이었다.

이분들이 해준 이야기 가운데는 내가 전혀 기억하지 못하는 이야기들도 많아 나도 놀랐다. 우울증을 앓던 당시의 내 모습을 나보다 더 생생하고 명확하게 기억하는 분들이어서 그분들의 입을 빌려 당시의 내 절박했던 상황을 이야기하고자 한다.

영자를 처음 만나다

우리가 영자(이분들은 나를 그냥 '영자'라고 부르셨다. 어머니 같은 분들이기 때문에 여기서는 이분들이 부르는 호칭을 그대로 두었다.)에게 관심을 갖게 된 것은 옥한흠 목사님 때문이었다. 옥 목사님은 설교 시간에 가끔 영자 이야기를 하며 칭찬할 정도로 영자를 아끼고 예뻐하셨다. 덕분에 우리 세 권사도 관심을 갖게 되었고, 영자가 올림픽을 잘 치르도록 함께 기도하고 응원하는 엽서도 보냈다.

엽서는 영자의 주소를 몰라 그냥 '올림픽선수촌 양영자 선수 앞'으로 보냈는데, 그게 정말로 영자에게 도착할 줄은 우리도 몰랐다. 나중에 영자가 올림픽 금메달을 따서 우리는 너무나 기뻤고 그다음 기도 모임에 영자를 초대했다. 그렇게 우리의 인연이 맺어졌다.

영자는 노래를 좋아하고 잘했다. 우리가 영자를 '절대음감'이라고 부를 정도로 노래를 참 잘했다. 영자가 통기타를 치면서 찬양을 부르면 찬양 속으로 우리 모두 빠져드는 것만 같았다.

초등학교 6학년이던 아들이 한동안 영자에게 기타 치는 법을 배웠는데, 영자가 멋지게 기타를 치며 찬양하는 모습을 보고 아들이 자신도 기타를 배우고 싶다고 말했기 때문이었다. 그렇게 우리 세 명의 권사 모두 하나같이 영자를 좋아했다.

그런데 어느 날부터인가 영자로부터 소식이 끊겼다. 도대체 어떻게 된 일인가 궁금했는데, 몇 달쯤 지나 김원경 권사가 우연히 교회에서 영자를 만났다. 너무 반가워서 인사를 했는데 영자가 아무 말도 없이 무표정한 모습으로 그냥 쳐다보기만 하더라는 것이었다. 그 이야기를 듣는데 내(김정희 권사) 가슴이 철렁 내려앉았다. 아무래도 뭔 일이 일어났다 싶었다.

예배하는 모임에 안 오려고 하는 영자를 우리는 억지로 데려왔다. 그런데 사람이 좀 이상했다. 찬송가를 부르면 귀를 막고 돌아앉고, 기도할 때는 눈을 뜬 채 주위를 휙휙 돌아보는 것이었다. 뭘 물어봐도 잘 말도 하지 않았다. 그러면서 자신이 좋아하는 음식에만 지나칠 정도로 관심을 보였다. 한자리에 앉아서는 식빵 한 통을 다 먹어 치울 정도였다. 운동을 많이 해 날씬한 몸매였는데, 몇 달 못 본 사이에 엄청나게 살이 쪄서 모두 놀랐다.

영자가 그렇게 예배드리는 모습을 보고, 우리는 영자가 영적으로 완전히 심각한 상태라는 것을 금방 알아차릴 수 있었다. 영자를 치유할 수 있는 유일한 방법은 '사랑밖에 없다'라는 것이 우리의 일치된 의견이었다. 아픈 사람을 치유하기 위해서는 더 많이 사랑하는 방법밖에 없었다.

변장하고 떠난 강화도 여행

영자는 환청에 시달렸다. 아이들이 아파트 놀이터에서 뛰어노는 소리를 듣고 "애들이 밖에서 자꾸 '영자 바보' 하고 소리쳐요." 하거나 심지어는 기르던 개가 짖는 소리조차 자신을 비웃는 것처럼 들린다며 "죽고 싶다"고 말했다. 공연히 하는 말이 아니었다. 진심으로 하는 말이라는 것이 어투를 통해 느껴졌다. 그래서 우리는 너무 걱정스럽고 두려웠다.

너무 집안에만 박혀 있는 것 같아 한번은 싫다는 걸 억지로 끌고 강화도로 바람을 쐬러 갔다. 영자는 커다란 선글라스를 끼고 청재킷으로 온통 얼굴을 가리고 나타났다. 우리가 어이없는 표정을 지었더니 사람들이 자신을 알아보면 안 된다는 것이었다. 그러고는 강화도를 다녀오는 내내 승용차 뒷좌석에 앉아 창밖의 경치는 쳐다보지도 않고 머리를 감싸고는, 누군가가 자기를 보려고 한다는 말만 되풀이했다.

영자가 사람들을 기피하는 데는 언론도 한몫을 했다. 당시 영자는 개포동의 작은 아파트에 살고 있었는데 어떻게 주소를 알아냈는지, 한 일간지 기자가 찾아와서는 영자를 만나겠다고 끈질기게 요구했다. 우리는 당시 영자의 건강 상태가 걱정돼 서로 돌아가며 온종일 영자의 아파트에서 지내곤 했다. 내(김정희 권사)가 영자는 집에 없다고 말했는데도 불구하고, 그 기자는 돌아가지 않고 아파트 현관문 앞에서 끈질기게 버텼다. 덕분에 나는 집에도 돌아가지 못하고 계속 영자의 아파트에 머물러 있어야만 했다.

이 기자는 결국 영자를 만나지는 못했는데, 돌아가서는 마치 인터뷰를 한 것처럼 거짓으로 기사를 냈다. 기사의 내용은 "양영자 선수가 몸이 아프고 은둔생활을 하고 있다."라는 것이었다. 이후 이런 추측성 기사들이 몇 차례 더 났었는데, 이로 인해 영자는 더욱더 외부 활동을 못하고 사람 만나는 걸 극도로 꺼렸다. 그리고 그런 영자의 모습을 지켜보는 우리도 한숨만 깊어 갔다.

그러다가 한번은 교회 부흥회에 영자를 끌고 갔다. 좋은 말씀을 들으면 자극이 되고 혹시 우울증에도 도움이 될까 싶어서였다. 강사는 대구 서문교회 목사님이었는데 말씀이 너무 좋았다. 우리는 그 말씀에 큰 도전과 은혜를 받아 영자에게 말씀이 어땠냐고 물었다. 하지만 영자는 전혀 반응을 보이지 않았다. 마치 그런 설교를 전혀 듣지 않은 사람 같았다. 그런 영자의 모습을 보며 나(김정희 권사)는 결국 울음을 터뜨렸다. 절망감 때문이었다.

눈물의 결혼식장

시간이 흐르면서 우리는 지쳐갔다. 몸이 피곤한 것도 피곤한 것이지만, 무엇보다도 정신적으로도 힘들었다. 우울증을 앓고 있는 사람 곁에 있다는 것은, 어쩌면 환자와 함께 우울증을 겪는 일인지도 모르겠다. 죽겠다고 혀를 깨물어 피가 흥건한 영자의 모습을 지켜보는 일은 실로 너무도 고통스러운 일이었다.

갈수록 지쳐가는 우리가 걱정됐던지, 인도네시아 자카르타에 있던 최영숙 권사가 한동안 영자를 자카르타로 데려가겠다고 말했다. 한국에 들렀다가 우리 모습을 지켜보고는 걱정이 되었던 모양이었다.

영자와 함께 김포공항으로 가면서 영자의 모습이 어떻게 변해서 돌아올까 궁금했다. '좀 상태가 호전되어 돌아오려나? 잃어버린 예쁜 미소를 되찾을 수 있으려나? 만약 떠날 때처럼 여전히 어둡고 지친 모습으로 되돌아온다면….' 그다음의 일은 상상하기조차 겁났다. 우리는 그렇게 영자를 자카르타로 떠나보냈고, 40일이 지난 후 영자에게서 귀국한다는 연락을 받았다. 우리는 두렵고 떨리는 마음으로 공항으로 향했다. 아, 나(김정희 권사)는 그날 공항에서의 영자 모습을 평생 잊지 못할 것이다. 멀리서 영자의 모습이 눈에 들어왔을 때, 기다리고 있던 우리를 발견한 영자는 활짝 웃으며 손을 마구 흔들었다. 맙소사! 반갑게 손을 흔들던 영자는 고운 쑥색 치마를 입고 있었다. 우리는 누가 먼저랄 것도 없이 서로 손을 맞잡고 기뻐했다. 이제 됐다 싶었다.

영자는 확실히 떠날 때와는 많이 달랐다. 아니, 달라도 한참 많이 달라져 있었다. 도대체 얼마 만에 보는 영자의 환하게 웃는 얼굴인가! 우리는 그 웃음 속에서 희망을 보았다. 그 미소가 이제 영자가 치유될 수 있다는 하나님의 약속이 담겨 있는 미소처럼 느껴졌다.

한국으로 돌아온 영자는 점점 우울증에서 빠져나왔다. 이영철 기자와 가끔 데이트도 했고, 얼굴도 점차 밝아졌다. 어느 날 갑자기 드라마처럼 완치된 것은 아니었지만 조금씩 변화되어 갔고 우리는 그렇게 변해가는 영자의 모습을 보며 비로소 안도의 한숨을 내쉴 수 있었다. 더군다나 든든한 이영철 기자가 영자 옆에 있다는 사실만으로도 얼마나 안심이 되었는지, 우리는 모두 입가에 미소를 머금고 두 사람을 지켜보았다.

그리고 마침내 1992년 5월 5일, 영자는 결혼했다. 김원경 권사와 나(김정희 권사)는 한복을 곱게 차려입고 영자의 결혼식장으로 향했다. 내 딸도 아닌데 마치 내 딸이 결혼하는 것처럼 마음이 두근두근 설렜고 벅차올랐다.

그날 김원경 권사와 나(김정희 권사)는 결혼식장에서 소리없이 조용히 울었다. 알 수 없는 벅찬 감동과 감격이 눈물이 되어 한없이 흘러내렸다. 우리는 이제 지아비를 맞아 결혼하는 영자의 앞길에 하나님의 무한한 축복이 언제나 함께하시길 그날, 그 자리에서 간절히 기도했다.

04

·

안녕,
나의 사랑 몽골

01

남편이 선교사로 헌신하다

> 만족할 줄 아는 사람은 진정한 부자이고
> 탐욕스러운 사람은 진실로 가난한 사람이다.
> _ 솔론

나는 남편인 이영철 선교사가 정말로 신실한 믿음의 사람이라는 것을 추호도 의심하지 않는다. 앞에서도 언급했듯이 그와 결혼하기 전에 사랑의교회 청년부 모임에서 그가 손을 들고 찬양하는 모습을 봤을 때는, 지나치게 티를 내면서 찬양을 한다고 비판적인 시각을 가졌었다.

그런데 그의 본 모습과 진심을 알게 된 후로는 내 생각이 잘못되었고, 오히려 나를 부끄럽게 할 만큼 오직 하나님만 의지하여 순수하고 열정적으로 찬양하는 사람이라는 것을 알게 되었다.

그는 연합통신에서 기자 생활을 하면서도 매일 아침에 큐티를 했고, 예수전도단과 한국선교훈련원(GMTC)에서 선교 훈련을 받았다. 선교사로 나가기 위해 나름대로 미리 준비를 하고 있었던 것이다. 나도 탁구를 하면서 힘닿는 대로 전도를 했지만, 선교사가 된다는 것은 꿈에도 생각해본 적이 없었다.

그런데 남편은 결혼을 하고 난 후 얼마 지나지 않아, 자신의 결심을 직접 행동으로 옮겼다. 6년간 몸담았던 연합통신(YTN)에 사표를 내고, 선교사가 되기 위해 본격적인 준비에 들어간 것이다.

그렇다고 바로 선교사로 나간 것은 아니었다. 선교사로 나가기 전에 먼저 신학 공부를 하라는 주변 선배 선교사들의 권면을 받고, 총신대학 신학대학원에서 3년간 신학 과정을 이수했다. 그는 신학 공부를 다 마쳤지만, 목사 안수는 받지 않았다.

혹시라도 목사 안수를 받게 되면, 힘든 선교지로 나가기보다는 비교적 안정적이고 편안한 국내의 교회 사역에 안주하고 싶은 유혹을 받을 것 같아, 일평생 선교사로 살겠다는 결단의 배수진을 치는 의미로 목사 안수를 받지 않은 것이었다.

그러는 가운데 아이들이 태어났고, 나는 아이들을 양육하느라 다른 데에는 별로 신경을 쓸 여력이 없었다.

선교사로 나가려면 먼저 자신이 소속될 선교단체를 결정해야 했다. 하지만 뚜렷하게 마음에 와닿는 곳이 없었다. 그래서 일단 HOPE(한국해외선교회 전문인 협력기구)에 지원서를 낸 상태에서 언어 연수를 위해 호주 시드니로 떠났다. 그리고 호주에서 처음으로 국제선교단체인

WEC(Worldwide Evangelization for Christ)에 대해 알게 되었다.

학교에서 우연히 WEC의 오리엔테이션 광고지를 본 남편은 오리엔테이션에 직접 참석했다. 거기서 WEC의 선교 전략에 대해 자세한 안내를 받고 무척이나 흥분된 상태로 숙소로 돌아왔다.

WEC는 미전도종족 복음화와 교회 개척, 선교 동원 등을 사역 목표로 하고 있었는데, 남편을 감동시킨 부분은 바로 '믿음, 거룩, 희생, 교제'라는 'WEC의 선교의 네기둥 정신' 때문이었다.

한국 WEC 국제선교회는 1997년 설립되었기 때문에 당시는 아직 WEC의 한국지부가 설립되기 이전이었다. 그래서 우리가 몽골 선교사로 파송될 당시, 우리는 WEC가 파송한 '한국인 선교사 1호'라는 영예를 안게 되었다.

WEC는 특히 후원금과 관련해 엄격한 선교 전략을 고수했다. WEC의 선교사는 선교 편지나 자신의 명함, 또는 이메일이나 심지어 SNS 등의 어떤 방법으로도 자신의 후원 계좌를 밝히거나 후원이 필요하다는 암시를 절대 해서는 안 됐다. 이것이 WEC의 선교 정책이었다.

또 후원금도 상대방이 먼저 자원해서 주는 것은 받을 수 있지만, 선교사가 먼저 요청할 수는 없다는 정책을 고수하고 있었다. 이런 입장 때문에 다른 선교단체들이 일정 금액의 선교 후원금을 준비하지 못하면 파송되지 못했던 반면, WEC는 선교 후원금의 모금과는 전혀 상관없이 본인의 결단만 있으면, 비록 교회나 단체의 후원 재정이 준비되지 않았더라도 파송을 받을 수 있었다.

사람을 의지하지 않고 오직 믿음으로 주님만을 의지하며 선교지로 나가는 이런 WEC의 선교 전략(Faith Mission)이 우리 부부의 마음을 사로잡았다.

우리 부부는 호주에 있는 WEC 국제선교 본부를 방문했다. 그리고 그곳에서 오직 믿음으로 검소하게 살아간 선교사들의 발자취를 보았고, 현재도 그런 삶을 살고 있는 헌신적인 선교사들을 직접 만나 교제하며 큰 도전을 받았다.

그분들과 교제를 나누며 우리 부부도 오직 믿음으로만 하나님의 일을 하고 싶다는 소망을 품게 되었다. 나는 탁구선수 시절부터 "은퇴 후에 명예로운 삶을 살게 해 달라"고 하나님께 기도했었다. 그 길이 바로 여기에 있었다.

남편과 나는 6주에 걸쳐 집중적인 선교 훈련을 받았다. 남편은 연합통신 외신부 기자였던 만큼 영어에 능통했지만, 난 영어로 진행하는 수업을 제대로 따라갈 수가 없어 많이 힘겨웠다. 다행히 남편이 바싹 옆에 달라붙어서 거의 통역을 하다시피 나의 모든 필요를 채워주었다. 그렇게 우리는 단기선교사 과정을 마치고 함께 몽골로 떠나게 되었다.

02

주라,
그리하면 채우리라

> 오직 남을 위해 산 인생만이
> 가치 있는 것이다.
> _ 알베르트 아인슈타인

몽골로 떠나기 전, 선교 훈련을 받으면서 나는 '하나님이 채워주시는 복'을 직접 체험해보고 싶었다. 남편이 예수전도단에서 훈련을 받을 때였는데, 그 훈련 내용 가운데 '오직 하나님이 공급해 주시는 것만을 의지해서 생활하는 시간'이 있었다고 한다. 그는 그 시간이 매우 은혜롭고 행복했다고 내게 말해주었다. 그의 이야기를 들으면서 나도 그와 같은 경험을 해보고 싶다는 마음이 들었다.

하지만 나 자신을 살펴보니 이미 나는 너무 많은 것을 가진 사람이었다. 내가 온전히 하나님이 공급해주시는 것만으로 살아가려면 적어도 먼저 내가 소유한 것을 내려놓고 비우는 과정이 필요했다.

그래서 먼저 내가 가진 것들이 무엇인지 곰곰이 헤아려 보았다. 무엇을 내려놓아야 할지 머릿속에 하나씩 떠올리다 보니, 내려놓기가 의외로 쉽지 않다는 것을 깨달았다.

　남편과 함께 선교사의 삶을 살기로 결단을 했으니 내가 가지고 있는 것을 다 내려놓고 주님께서 공급해 주시는 것만으로 살고 싶다는 소망도 가슴 설레기는 했지만, 막상 실행에 옮기려니 망설여졌다.

　며칠 동안 나는 하나님께 기도하며 그동안 내가 받은 은혜들을 묵상해 보았다. 모든 것이 주님께로부터 왔고, 주님께서 주신 것들이었다. 올림픽 금메달을 딴 것도 간절한 기도의 결과였고, 앞이 보이지 않는 캄캄한 우울증 속에서 말씀의 광채를 비추시고 맑고 푸른 세상을 다시 볼 수 있게 해주신 분도 하나님이셨고, 다시 태어나 하나님의 선교사 사역을 하도록 소중한 남편을 만나게 하신 분도 하나님이셨다.

　모든 것을 하나님이 공급해주셨는데, 더군다나 선교사로 나가면서 주님의 공급하심을 의심하고 주저하는 내 모습이 부끄럽게 여겨졌다. 나는 내 모든 것을 아낌없이 내려놓기로 다시 마음을 굳게 먹었다. 솔직히 조금은 두려움이 앞섰으나 주님께서 채워주실 거라는 확신이 들면서 기대하는 마음과 설레는 마음으로 들떴다.

　가장 먼저 나의 연금 전액(올림픽에서 금메달을 딴 후 국가에서 지급되는 연금으로, 당시로는 상당한 액수였다.)을 하나님께 드리기로 결심했다. 그리고 그동안 내가 받던 연금을, 은퇴하고 시골에서 경제적으로 어렵게 생활하고 계신 목사님이 받도록 연금 수령 계좌를 옮겨놓았다.

또한, 강원도 동해시에 내가 소유하고 있던 작은 땅을 매매한 대금과 현금 전부를 한 선교단체에 기부했다. 당시 우리 가족은 강남 서초동에서 전세로 살고 있었는데, 이제 선교지로 떠나게 되면 그 전세 자금은 우리 부부에게 필요하지 않으리라 판단되어, 전세 자금과 부동산 매매 대금 전부를 선교단체에 기부했다.

그 선교단체는 당시 선교사 자녀들(MK)을 위한 숙소를 건축할 계획이었는데, 그 건축에 대한 지정헌금으로 기부한 것이었다. 선교지에서 국내로 되돌아와서 고생하는 선교사 자녀들을 돕기 위한 숙소 건물을 짓는다니, 나 역시 선교사로 나가는 마당에 남의 일 같지 않아서 선뜻 지원할 수 있었다.

그렇게 내가 그동안 소유하고 의지했던 재물을 미련 없이 하나님께 전부 내려놓았다. 더는 내가 소유하고 의지하는 재물이 없었기에, 좋든 싫든 이제부터는 오직 하나님이 공급해주시는 것만으로, 주님을 의지해야만 살 수 있는 선교사가 되었다.

우리 부부는 어쩔 수 없이 오직 하나님만을 의지하고 바라보는 삶을 살게 되었다. 어쩌면 그것은 우리 부부가 선교사로 살아가기 위해서는 반드시 거쳐야만 했던 가장 어려운 훈련 과정이었을지 모르겠다.
어쨌든 하나님께서 선교지 생활뿐 아니라 현재까지도 나의 모든 필요를 넉넉하게 채워주고 계시니, 주님의 살아계심과 공급하심을 직접 체험해봤다고 이제는 말할 수 있다.

03

몽골어 공부와 문화충격

> 내 뼈아픈 후회는 바로 그거다.
> 그 누구를 위해
> 그 누구를 사랑하지 않았다는 거.
> _ 황지우 〈뼈아픈 후회〉 중에서

우리가 몽골 땅을 처음 밟은 것은 1997년이었다. WEC에서 선교 훈련을 받을 때 이런 설명을 들었다.

"선교지에서의 사역은 결혼 생활과 흡사하다. 처음에는 무척 설레고 행복하지만, 이 허니문 기간이 끝나면 문화적 충격을 받게 되고 적응해가는 조정 기간을 거쳐야 한다."

정말 그랬다. 처음 몽골 공항에 내렸을 때 나는 기대감으로 마음이 부풀었다. 내가 선교사로 몽골에 들어왔다는 사실에 가슴이 설렜고 실감이 나지 않을 정도로 모든 것이 새로웠다. 하지만 얼마 지나지 않아 몽골의 현실이 피부로 와닿기 시작했다. 그곳은 내가 견디기에는 모든 것이 열악하고 혹독했다.

몽골에서 처음 얼마 동안은 언어 연수에 주력했다. 현지에서 언어를 배우는데, 몽골의 열악한 교육 환경은 상상을 초월했다. 공부할 교실이 부족해서 교무실에서 공부를 했는데, 담배 연기가 자욱하고 수시로 전화벨이 울려댔다. 그래서 당연히 머리가 무겁고 집중이 잘 되질 않았다.

게다가 몽골어를 가르치는 선생님이 20~30분씩 늦게 오는 것은 예사로운 일이었고, 때로는 술에 취한 상태로 술 냄새를 풀풀 풍기며 수업을 진행하기도 했다. 한국의 상황과 비교하면 정말 기가 차서 말이 안 나오고 한숨이 절로 나왔다.

처음 2년 동안 우리는 몽골의 수도인 울란바토르에서 생활했다. 여기서 언어 공부를 마친 다음에는 여장을 꾸려 유목민의 도시인 생샨드마을로 옮겼다. 생샨드는 울란바토르에서 북동쪽으로 450킬로미터쯤 떨어진 동고비 사막 한가운데 있는 오지다. 울란바토르에서 기차로 10시간쯤 걸리는데, 인구 1만 2천 명 정도의 소도시로 한국 사람은 한 명도 살지 않았다. 생샨드는 생활 여건이 울란바토르보다 더 열악해서 생필품은 물론 물조차 구하는 게 쉽지 않았다.

남편과 내가 사역지로 생샨드를 선택한 이유는 이곳이 몽골과 중국을 잇는 교통의 요충지였기 때문이었다. 생샨드마을에서 사역하며 몽골 국토의 태반을 차지하는 고비 지역 복음화의 교두보를 마련하는 것이 우리의 목표였다.

울란바토르에 있을 때, 우리가 출석하던 뭉힝헤르교회가 그곳을 개척지로 정했지만, 교인의 숫자는 다섯 명 정도에 불과했다. 뭉힝헤르(영원한 사랑이라는 의미)교회의 담임 터머르 호익 목사가 금요일마다 기차로 생샨드마을로 내려와서 소그룹을 지도하고, 주일 새벽 울란바토르로 다시 돌아와 주일예배를 인도했다. 기차로만 무려 20여 시간을 왕복해야 하는, 참으로 고단한 사역이었다.

나는 터머르 호익 목사와 함께 생샨드마을을 방문한 적이 있었다. 터머르 호익 목사는 추운 날씨에 감기에 걸려 계속 기침을 콜록콜록 하면서도 복음 전파의 열정을 불태웠다.

그런 그의 모습을 지켜보며 남편과 나는 우리가 생샨드 지역으로 빨리 내려가 사역을 해야겠다는 생각을 하게 되었다. 울란바토르는 우리가 없어도 얼마든지 복음을 전파할 사람들이 많이 있었지만, 생샨드마을은 우리의 손길이 절실히 필요한 곳이었다.

그 마을에 들렀을 때 나는 그곳의 스코틀랜드 출신 톰슨 에릭 선교사의 말에 깊은 감동을 받았다. 에릭 선교사는 생샨드 작은 마을에서 젊은이들에게 영어를 가르치며 주님의 복음을 전파하고 있었는데, 그는 나에게 이렇게 말했다.

"이곳에서의 삶은 생각보다 쉽지 않습니다. 하지만 삶이 힘들게 느껴질 때마다 그리스도의 고난에 참여하고 있다는 생각이 들어 기쁨을 느낍니다."

아, 견디기 힘든 몽골의 모든 것

정말 생샨드마을에서의 생활은 쉽지 않았다. 사계절이 뚜렷하고 산과 나무가 울창한 한국에 비해 몽골 생샨드 지역의 풍경은 가혹할 정도로 황량했다. 고비 사막에서 늘 모래바람이 불었고, 기후 역시 늘 건조했다. 고비 사막은 황사의 발원지다. 바람이 불면 입안에서 모래가 서걱서걱하며 씹혔고, 창문과 창틀 사이를 겹겹이 해서 닫고 있어도 자고 일어나면 어디서 들어왔는지 집 안에는 모래가 수북했다.

여름이면 기온은 섭씨 40도를 오르내렸고, 겨울엔 영하 45도 아래까지 곤두박질쳤다. 물이 귀해 정기적으로 방문하는 물차에서 물을 받아 큰 양동이에 저장해놓고 써야 했는데, 물차가 자주 오지 않아 일주일이 넘도록 머리를 못 감은 날도 많았다.

개인적으로는 식사가 가장 큰 문젯거리였다. 나는 채소와 생선 위주의 음식을 좋아했다. 소고기, 돼지고기는 물론이고 닭고기, 오리고기도 못 먹는 체질이다. 선수 시절에는 고기를 먹으면 오히려 힘이 빠져 채식과 생선 위주로 식단을 따로 마련해주기도 했었다.

그런데 몽골은 전적으로 육식의 나라였다. 설 같은 명절에는 현지 교인의 초대를 받아 집에 가보면, 양고기에서 허연 기름 덩어리를 쓰윽 베어서 큰 인심이나 쓰듯 먹으라고 건넸다. 몽골 사람들에게 이것은 귀중한 손님에 대한 깍듯한 대접이고, 큰 배려이기도 했다. 그렇지만 나로서는 곤혹스럽기 그지없는 일이었다. 내가 좋아하는 채소와 생선은 구하기조차 힘들었으니, 선교지에서의 고통은 이중고, 삼중고로 배가 되었다.

생샨드마을에서 나는 일종의 현지 '조정 기간'을 거쳤다. WEC에서 훈련을 받았을 때는 대개 선교지에 도착해서 6개월쯤 지난 뒤 겪게 된다고 했는데, 나로서는 그것이 거의 2년이 지나고 생샨드마을로 내려온 이후로 찾아온 셈이었다.

무엇보다도 몽골 사람들에 대한 실망감과 배신감이 컸다. 몽골 사람들의 의식과 문화는 한국과 정말 많이 달랐고 적응하기가 쉽지 않았다. 울란바토르에서 생샨드마을로 이사를 할 때부터 나는 마음고생을 참 많이 했다.

몽골에서 짐을 부치려고 하면 내용물에 대해 자세하게 모두 적어야 했다. 이곳 사람들은 자신들의 고유 문자 외에도 러시아어를 병행해서 사용하기 때문에, 내용물에 대해 일일이 러시아어로 번역해서 적는 것은 그야말로 큰 일거리였다. 짐을 컨테이너로 부쳐야 했는데, 운송수단은 기차밖에 없었다. 미리 한 달 전부터 기차 시간을 확인해서 해당 기차가 들어오는 플랫폼에 짐을 모두 실은 컨테이너를 가져다 놓았다.

내가 전화로 몇 번에 걸쳐 확인한 기차의 출발 시각은 오후 3시였는데, 3시가 넘어도 기차가 오지 않았다. 기다리고 기다리다 지쳐서 거의 포기할 무렵 기차가 나타났는데, 그 시간은 밤 9시였다!

몽골에서의 '약속'은 사실 약속이 아니었다. 사람을 만날 때도 한두 시간 늦는 것은 일도 아니었다. 몽골 사람들에게 있어 계약서는 그저 약속을 적은 종잇조각 정도에 불과했다. 상황에 따라 얼마든지 뒤집을 수 있었다.

한번은 세탁기가 고장이 나서 서비스업체를 여러 차례 불렀는데, 그때마다 온다고 말하고선 한 달이나 지난 뒤에 방문을 하고서는 결국 수리를 못 하겠다면서 돌아가 버렸다.

돈을 빌려주면 안 갚는 일이 다반사였다. 게다가 겨울이 오면 기온이 영하 40도를 오르내릴 만큼 추웠기 때문에 다른 사람의 집을 방문할 때는 밖에서 신던 신발을 신은 채로 집 안으로 아무런 거리낌도 없이 들어왔다. 또한, 외국인의 경우에는 기차를 타고 가는 중에도 여권이 없으면 그 자리에서 체포하고 쇠고랑을 채우기도 했다.

더욱이 존칭이 없는 몽골에서는 특별히 '너', '당신'을 부를 때만 존칭을 사용하는데, 나한테 존칭을 쓰지 않고 함부로 대할 때 너무 기분이 나빴다. 그래서 마음이 상한 적도 있었는데 그때 '아, 내가 너무 나 자신을 대단하다고 생각하고 있었구나. 나는 이들을 섬기려고 온 선교사인데 존중을 받으려고 하고 있었구나.' 하고 깨달았다. 그 순간 나는 조금

더 낮아져 삶 속에서 하나님을 드러나게 해야겠다고 생각하게 되었다.

몽골의 풍경과 영적 전쟁

그 당시 몽골은 영적으로 척박하고 사회적으로는 무질서하고 혼돈 상태에 빠져 있는 나라였다. 몽골 사회를 떠받치던 이전의 전통적 가치관은 시대의 흐름을 따라가지 못하고 무너졌으며, 이를 대치할 새로운 가치관이 필요한 상태였다. 사람들은 영적으로 방황하며 병들어 있었다.

몽골 사회에서 바른 삶을 살고자 애쓰고 노력하는 사람들 중에는 전 국민의 2퍼센트에도 미치지 못하는 극소수의 기독교인이 있었다. 몽골에서 내가 겪은 일들은 몽골 사회의 거칠고 척박한 현실을 잘 보여준다.

한번은 시장에서 물건을 사고 물건 값을 치르기 위해 지갑에서 돈을 꺼내는데, 갑자기 어떤 남자들이 뒤에서 나를 밀쳤다. 나는 그 자리에서 땅바닥으로 엎드러져 나뒹굴었다.

나를 밀친 남자들은 순식간에 도망을 쳤는데, 내 손에 쥐고 있던 지갑과 현금이 감쪽같이 사라졌다. 그 남자들이 주변에서 기회를 엿보다가 내 지갑을 의도적으로 훔쳐 간 것이 분명했다.

사실 그렇게 날치기를 당한 일은 한두 번이 아니었다. 나뿐 아니라 또 다른 선교사 가정도 몇 번의 날치기를 당했다. 또 한번은 우리 집에 도둑이 들어 집주인이 방범을 위해 출입구에 자물쇠를 채웠는데, 하루 사이에 두 번이나 고장이 나더니 이틀 만에 아예 떼어져 있었다. 한 독일인 선교사는 자물쇠와 열쇠를 네 개나 복사해 두었을 정도로 도둑질이 심했다.

지갑을 날치기 당하고 며칠 후, 집으로 한 통의 전화가 걸려 왔다. 전화를 건 몽골 사람은 쓰레기더미에서 지갑을 주었는데, 돈은 없고 전화번호가 적힌 신분증만 발견했다는 것이었다. 그러면서 신분증을 되돌려줄 테니 한화로 12만 원(몽골 노동자 한 달 월급보다 큰돈)을 사례비로 요구하는 것이었다.

그뿐만이 아니다. 몽골에서는 한낮인데도 술에 취해 길거리나 눈 위에 쓰러져 자다가 얼굴과 손과 발 등에 동상이 걸린 사람들을 심심찮게 볼 수 있었다. 그리고 몽골 수도 울란바토르에서 우리가 살았던 마을 주변 공터에서는 늘 초등학교 또래의 나이 어린 아이들이 떼를 지어 담배를 피웠다. 우리가 살고 있는 마을 주거단지 코앞에도 한 시간 단위로 쉬어가는 '러브호텔'이 버젓이 영업을 하고, 새벽녘에도 요란하게 호텔 문을 두드리는 소리가 들리곤 했다. 가정이 깨져 거리에 버려진 아이들이 많았는데 살인적인 추위를 피해 맨홀에 들어가서 잠을 청하는 아이들이 수두룩했다.

그런 상황 가운데도 기독교에 대한 탄압은 노골적이고 집요했다. 몽골에는 집배원이 없어서 소포를 찾으려면 직접 우체국으로 가야만 했다. 우체국에 갔더니 직원이 소포를 풀고 내용물을 확인하더니 "종교 서적은 몽골로 반입도, 반출도 할 수 없다."라며 압류하는 것이었다. 우체국에 붙어 있는 반·출입금지 품목에 종교 서적은 들어가 있지도 않았다. 다만 음란물과 마약류 같은 몸에 해로운 것들만 금지 품목에 들어가 있을 뿐이었다. 그럼에도 불구하고 현실적으로는 성경이나 신앙서적 등 이런 거룩한 책들이 해로운 금지 품목들과 동일한 취급을 받았다.

몽골 정부는 법으로 종교의 자유를 보장한다고는 했지만, 이는 말뿐이고 실제로는 라마교 이외의 다른 종교들은 인정하지 않았다. 울란바토르에서 우리가 출석했던 뭉힝헤르교회의 터머르 호익 목사는 여권과 교회 등록증과 토지대장을 압수당했다.

교회가 속한 구의 행정 관리는 터머르 호익 목사에게 "왜 외국 종교를 비호하느냐? 그 벌로 교회가 거리의 눈을 치워야 한다."며 위협했다.
그러면서 만족할 만한 수준으로 눈을 치우지 않으면 자신이 직접 텔레비전에 출연해서 공개적으로 교회를 비판하겠다고 으름장을 놓았다. 평소에 기침을 심하게 하던 터머르 호익 목사는 하는 수 없이 교인들과 함께 제설작업을 했고, 결국 폐결핵에 걸려 오랜 기간 치료를 받아야 했다.

04

안면마비와 향수병

> 언제까지 계속되는
> 불행은 없다.
> _ 로맹롤망

혹독한 자연환경과 너무 다른 사고방식, 그리고 생활하면서 수시로 부딪히게 되는 문화적인 차이가 나를 탈진하게 만들었다. 울란바토르에서 생샨드마을로 이사를 하고 나서 얼마 후 나는 결국 병이 나고 말았다. 바이러스성 질환이었는데 몸이 매우 아팠다.

처음에는 오른쪽 귀와 머리 쪽에서 심한 통증이 느껴졌다. 그래서 처음에는 나는 그저 치통이라고 생각했다. 얼굴의 반쪽에 마비가 와서 밥을 먹으면 나도 모르게 음식물이 입에서 질질 흘렀다. 하지만 생샨드마을 같은 소도시에서는 병원에 가는 것조차 쉬운 일이 아니었다. 한동안 참다가 증상이 심해져서 결국 울란바토르에 있는 연세친선병원을 찾았다.

울란바토르로 가기 위해 기차역으로 가던 날, 남편이 나를 배웅하기 위해 따라 나왔다. 기차역으로 가는 어둑어둑한 길을 남편과 나는 아무 말도 없이 터벅터벅 걷고 있었다. 의기소침해져 있는 나를 바라보던 남편은 나에게 한마디 말을 건넸다.

"여보, 너무 걱정하지 마. 평생 입술이 비뚤어져 있더라도 나는 오직 당신만을 사랑할 테니, 그러니 아무 걱정하지 말고 다녀오라고!"

남편의 말에 나는 그야말로 '빵' 터졌다. 남편은 날 위로하기 위해 심각하게 건넨 말이었지만, 나로서는 다소 엉뚱하고 생뚱맞게 느껴져서 피식 웃음이 터져 나왔다. 하지만 그 말 속에 깃든 남편의 진심 어린 따뜻한 마음이 고스란히 전달되어 왔다. 남편은 내게 늘 그렇게 감사한 사람이었다.

병원에서는 바이러스 때문에 온 안면마비라는 진단이 나왔다. 약을 처방하고 잘 복용만 하면 곧 나을 거라고 의사는 나를 안심시켰다. 의사는 한 열흘 정도 고생하면 나을 거라고 말했지만, 그 말과는 달리 안면마비는 한 달이 지나도록 지속되었다. 거울에 비친 내 모습이 왜 이렇게 초라하고 불쌍하던지 참으로 우울한 시간이었다.

하나님의 나라를 확장하겠다고 몽골 생샨드 작은 마을까지 찾아왔는데, 열악한 환경에 몸까지 아프니 선교활동을 할 엄두조차 나지 않았다. 안 아플 땐 잘 몰랐는데, 몽골에서의 생활이 너무 힘들고 고단하게 느껴졌다.

생샨드마을에서는 인터넷도 되지 않았고, 핸드폰은 물론이고 한국 사람을 구경하는 일조차 힘들었다. 그냥 한국으로 빨리 돌아가고 싶었다. 몸이 아프니 마음마저 아팠다. 고국의 풍경이 눈앞에 아른거렸고 내 처지가 서러웠다. 절로 눈물이 주르륵 흘렀다. 그때는 몸도 마음도 참 많이 아픈 시기였다. 찬양을 자주 들으며 많이 울었는데 그때 내 마음에 깊게 다가왔던 찬양은 예수전도단의 〈땅끝에서〉라는 곡이었다.

주께서 주신 동산에 땀 흘리며 씨를 뿌리며
내 모든 삶을 드리리 날 사랑하시는 내 주님께
비바람 앞을 가리고 내 육체는 쇠잔해져도
내 모든 삶을 드리리 내 사모하는 내 주님께

땅끝에서 주님을 맞으리 주께 드릴 열매 가득 안고
땅끝에서 주님을 뵈오리 주께 드릴 노래 가득 안고
땅의 모든 끝 찬양하라 주님 오실 길 예비하라
땅의 모든 끝에서 주님을 찬양하라
영광의 주님 곧 오시리라

나는 이 찬양을 들으며 정말 많이 울었다. 그리고 큰 위로를 받았다. 나를 우울증에서 건지신 하나님은 다시 한번 나를 다독여주시고 마른 뼈 같던 내 영혼을 소생시켜 주셨다. 서서히 안면마비가 풀리고 회복되는 과정에서 내 마음도 함께 회복되어 갔다.

내가 생샨드 작은 마을까지 온 이유는 이 척박한 환경 속에서 살아가고 있는 저들에게 복음을 전하고 저들을 섬기며 사랑하기 위해 온 것인데, 어느 날 나 자신을 돌아보니 나는 온통 내 몸의 고통과 내 연민에만 빠져 환경만 탓하고, 사람들만 탓하고, 내 건강만 탓하다가 아무것도 보지 못하는 눈먼 장님처럼 살아가고 있었음을 자각하게 되었다.

"우리의 모든 환난 중에서 우리를 위로하사 우리로 하여금 하나님께 받는 위로로써 모든 환난 중에 있는 자들을 능히 위로하게 하시는 이시로다"(고후 1:4).

그랬다. 하나님이 주신 위로는 '모든 환난 중에 있는 자들을 능히 위로하게 하시는' 것이었다. 내가 그저 매일 내 상처만 핥고 엎드려 있으라고 주신 위로가 아니었다. 내가 위로를 얻음은 결국 내 아픔을 통해 다른 이들의 아픔을 이해하라는 것이었다. 성경을 읽는 중에 찾아온 이런 자각은 내가 왜 몽골에 왔는지를 상기시켜 주었다.

나는 몽골에 여행을 온 사람이 아니었다. 단지 이곳에 살기 위해서 이민 온 사람도 아니었다. 내가 이곳에 온 목적은 복음을 모르는 저들에게 주님의 피 묻은 십자가의 복음을 전하기 위해서 선교사로 온 것이었다. 그걸 다시 깨달으면서 갑자기 정신이 번쩍 들었다.

구원의 은혜를 깨닫고

나의 진정한 사역은 이때부터 시작되었다. 나는 몸을 추스르고 비로소 몽골 사람들을 제대로 바라보기 시작했다. 그러자 이전의 그 몽골 사람들, 즉 약속을 지키지 않고, 몰염치하며 뻔뻔하기 그지없는 몽골인들은 거기 없었다. 대신 내가 보듬고 품어야 하며 하나님의 사랑을 전해야 할 형제자매들만이 거기 있었다. 내가 활짝 열린 마음으로 찾아가서 기도해주고, 그들의 아픔을 내 아픔으로 보듬어주고 끌어안아야 할 이웃들이 바로 내 앞에 있었던 것이다.

나는 사랑한다는 것이 그 사람이 사랑할 만해서 사랑하는 것이 아니고, 섬긴다는 것이 그 사람이 섬김을 받을 만해서 섬기는 것이 아님을 깨닫게 되었다. 나 자신을 돌아보니 나 역시 사랑받을 자격이 없었음에도 불구하고, 너무 많은 사랑을 받은 사람이었다. 오히려 나 자신을 돌아보니 나는 죄인 중의 죄인이었고, 하나님의 은혜가 아니었다면 영원히 지옥에 갈 수밖에 없는 사람이었다. 그런 나를 구원해주신 주님의 은혜를 깨닫게 되니, 나 또한 그들을 충분히 사랑할 수 있을 것 같았다.

당시 우리 부부는 그곳에서 성경 번역과 개척교회 사역 등을 하고 있었는데, 그런 자각과 함께 주변 사람들의 삶이 내 눈에 들어오기 시작했다. 그곳 사람들 대부분의 생활은 열악하고 경제적으로는 늘 궁핍했다. 성도들 집을 한 집 한 집 방문하면서 그들이 사는 모습도 보고, 어떤 어려움을 겪고 있는지도 이해하게 되었다. 나는 그들과 함께하면서 기도제목을 나누었고, 함께 기도하기 시작했다. 그러면서 마을 아이들에게 탁구를 가르치는 일로 전도의 기회가 열리기 시작했다.

나는 한국에서 출국할 때 탁구대와 라켓, 탁구공을 많이 준비해서 가지고 나왔는데, 현지에서 이것들이 유용하게 사용되었다. 몽골 사람들은 탁구를 '오떰 범버크'라고 불렀는데 '별 같은 공'이란 뜻이었다. 아이들은 오직 중국 탁구선수들만이 세계 최고의 별로 알고 있었는데, 내가 중국 선수들을 모두 이기고 올림픽 금메달을 딴 최고의 별이란 사실을 알게 된 후부터는, 나를 바라보는 눈빛과 대하는 태도가 달라졌다. 아이들은 나한테 탁구 지도를 받는 것을 참으로 행복해했고, 탁구를 통한 나의 사역의 지경도 점차 넓어지게 되었다.

나는 몽골에 있는 세 개의 탁구클럽을 이틀씩 순회하면서, 일주일 내내 아이들을 만나고 탁구를 가르치며 어린 영혼들과 소통하면서 탁구와 복음을 양 날개로 활용했다. 토요일에는 세 개의 탁구클럽 회원들이 모두 한자리에 모여 게임을 하고 상품을 나누어 준 후, 함께 예배하고 찬양하며 친교의 시간을 가졌다.

예배를 통해 찬양과 말씀과 기도가 아이들의 삶 속에 자리를 잡아가자, 아이들의 삶이 안정되고 눈빛이 달라지며 삶이 바뀌는 것을 몸소 체험할 수 있었다. 나는 아이들이 내게 탁구를 배우며 올림픽 금메달을 꿈꾸는 것도 좋았지만, 아이들을 만나 짬짬이 예수님의 복음을 전하고 그들의 삶이 변화되는 것을 볼 때 더 큰 보람과 행복을 느꼈다.

05

생샨드마을의
교인들

> 누군가를 진실로 사랑한다면
> 당신의 마음이 깨질 수밖에 없다.
> _ C.S. 루이스

우리가 사역하는 생샨드마을의 개척교회는 세 명의 교인에서 출발했다. 우리가 네이멍구 자치구로 떠날 때쯤에는 교인 수가 40여 명까지 늘었다. 몽골 사람들은 특히 전도를 잘했다. 그래서 교회로 새로운 사람들을 잘 데려왔다. 하지만 교육하는 일은 쉽지 않았다.

몽골 사람들의 삶은 지금도 유목민의 형태를 띠고 있다. 계절에 따라 가축들을 몰고 떠돌아다녔고, 집(게르 Ger, 이동식 텐트 가옥)도 여름 집과 겨울 집이 따로 있었다. 상황이 이렇다 보니 지속적인 제자훈련이 쉽지 않았다. 특히 이들의 삶과 의식 속에 깊숙이 자리 잡고 있는 무속신앙과의 싸움은 말 그대로 '영적 전쟁'이었다.

한번은 교회에 잘 출석하던 자매가 갑자기 예배에 나타나질 않았다.

무슨 일이 있나 싶어 예배를 마치고 집으로 심방을 갔더니 병이 나서 누워 있었다. 어디가 아프냐고 물었더니 의사가 다녀갔는데 병명을 잘 모르겠다고 했다. 그래서 무슨 신경 쓰이는 일이 있었느냐고 물었더니 부적 이야기를 꺼냈다.

며칠 전 남편이 라마교 사찰(몽골인 대다수가 라마교를 믿고 있다.)에 가서 부적을 사왔다는 것이었다. 금액이 무려 30만 원(몽골인들의 평균 월급은 우리나라 돈으로 10만 원이 채 안 되는 수준이다.)에 달하는 부적이었는데, 이것 때문에 내적으로 심한 갈등을 겪었다는 것이었다. 그 자매는 본인의 신앙 때문에 부적을 집에 놓아두는 것이 마음에 몹시 꺼려졌지만, 막상 부적을 떼어서 불에 태우려고 하니 너무 두렵고 겁나서 차마 부적을 떼지는 못했다고 한다. 그렇다고 못 본 척하자니 그것도 마음에 걸려 이러지도 저러지도 못하고 속을 끓이다가 그만 마음고생으로 병이 난 것 같다고 말했다.

자매는 극심한 두통으로 자리에서 일어나지도 못할 만큼 심각한 상태에 놓여 있었다. 나는 그녀의 부적 얘기를 다 듣고, 부적 때문에 마음이 그렇게 힘들다면 나와 같이 그 부적을 떼면 어떻겠냐고 말했다. 그리고는 자매를 부축해서 일으키고 함께 부적을 뗀 다음, 부적을 가지고 곧바로 밖으로 나가 불에 태웠다. 부적을 태우는 광경을 주변 사람들도 함께 지켜보았다.

우리 교회에 출석하던 다른 교인들도 그 자매의 부적 얘기를 듣고는 내게 자신의 집에도 부적이 있으니 태워달라고 했다. 나는 그동안 잘 모르고 있었는데, 다른 교인들도 집마다 이런 부적을 한두 개 이상은 모두 보관하고 있다는 사실을 뒤늦게 알게 되었다. 우리는 가정마다 떼어낸 부적들을 모두 한자리에 모아놓고 한꺼번에 불에 태우는 동안, 모두 함께 찬양과 합심 기도를 했다. 그날 나는 이들이 다시는 우상에 짓눌려 고통당하지 않기를 간절히 기도했다.

그런 일이 있고 난 후, 나는 그 자매의 집을 다시 방문했다. 혹시 부적을 태운 일로 남편에게 두들겨 맞지나 않았을까 걱정이 되어서였다(몽골에서는 남편의 구타와 폭력이 비일비재했다). 그런데 그 자매는 누웠던 자리를 박차고 일어나 화장대 앞에서 화장을 하고 있었다. 두통이 모두 사라졌고 몸도 많이 좋아져서 일하러 갈 준비를 한다고 했다. 그 사건으로 난 크게 고무되었다.

온 가족이 주님께 돌아오다

한번은 또 다른 교인 집을 심방했는데, 홀로 교회를 출석하는 남자 성도인 그는, 행색이 너무 초라해서 외모에서도 가난이 느껴질 만큼 궁핍해 보였다.

그 당시에는 내가 안면마비에서 조금씩 회복되고 있을 때였고, 고린도후서 1장 4절의 말씀으로 위로를 받고 있을 때라 그 성도의 가정을 방문하고 싶은 마음이 들었다. 나를 위로하신 하나님의 위로로 환난 중에 있는 성도들을 위로하고 싶어, 가능하면 어려운 성도들의 가정을 찾아다니며 그들의 삶을 돌아보았다.

나는 남자 성도의 가정을 처음으로 심방하게 되었는데, 작은 단칸방에 무려 여섯 명의 식구가 살고 있었다. 집 안에는 전기뿐 아니라 수도도 들어오지 않아 열악하기 그지없었다. 방이 얼마나 비좁은지 내가 들어가 앉을 자리도 없을 정도였다.

아내는 목발을 짚는 장애인이었고, 노모는 위암에 걸려 복수가 가득 차서 남산만 한 배로 신음하며 누워있었다. 아이들의 모습도 차마 눈 뜨고 볼 수 없을 만큼 가난한 행색이었다. 나는 이렇게 빈한한 가정을 태어나서 처음 목격했다. 그런데 집 안에 부적이 여러 개가 널려있었고, 큼직한 우상도 눈에 띄는 것이었다. 믿기지 않는 현실을 목도하며 나는 심중에 이런 생각이 들었다.

'이렇게 평생을 가난하게 살고 또 병들어서 고통을 당하고 살았는데, 하나님을 믿지 못해서 천국을 못 간다면 이것보다 더 불쌍한 일이 어디 있겠는가.'

나는 할머니의 손을 꽉 붙잡고 간절히 기도를 드렸다. 그리고 안타까운 심정으로 노모에게 복음을 전했다. 할머니는 눈물을 흘리시며 내 손을 맞잡으며 주님을 믿겠노라고 마음 문을 활짝 열었고, 영접기도까지 따라 하셨으며 온 가족도 다 함께 예수님을 영접하는 놀라운 일이 일어났다.

나는 할머니께 이 집에 있는 모든 부적과 우상을 버리고 하나님을 믿어야만 이 가정이 앞으로 다시 회복될 수 있다고 말했다. 할머니께서는 그러겠다고 고개를 끄덕이셨고, 기도를 마친 후에 집 안에 널려있던 모든 부적과 우상단지를 다 내다 없애버리는 믿기지 않는 일이 일어났다. 그리고 며칠 후에 할머니께서는 평온한 마음으로 세상을 떠나 하나님 품에 안기셨다. 물론 그 성도의 온 가족도 우리 교회에 출석하게 되었는데, 나는 이 일로 어려운 성도들을 심방하는 일에 더욱 힘을 얻게 되었다.

비록 부적을 떼어내고 우상을 제거한 일은 작은 일이었지만, 나에게는 너무도 의미 있는 일로 다가왔다. 우상이 불타고 사라질 때 그곳에서 놀라운 회복의 역사가 일어난다는 사실을 나는 두 눈으로 직접 확인할 수 있었다.

어떻게 보면 이 일은 나에게 선교지에서 복음의 능력을 힘입어 영적 싸움에서 우상을 타파하게 하시고, 온 성도가 우상의 사슬에서 벗어나 주님 안에서 진정한 자유와 승리를 맛볼 수 있게 해주신 주님의 뜻밖의 선물이었다.

06

몽골인 할장 코치가
회심하다

> 사람은 남을 대하는 그 태도에서
> 그의 행복이 결정된다.
> _ 플라톤

개척교회를 돌보면서 나는 생샨드 지역 교육청의 요청으로 아이들에게 탁구를 가르쳤다. 각 학교에서 나름 탁구를 잘 치는 아이들을 선발해 방과후 학교처럼 탁구부를 지도한 것이다. 이 탁구부에는 코치 역할을 하는 몽골인 남성이 한 명 있었는데 그의 이름은 할장이었다. 중년의 이 남성은 원래 화가였는데, 워낙 탁구를 좋아해서 이 수업에서 코치 역할을 맡고 있었다. 처음 내가 아이들을 지도하기 위해 학교 강당에 갔을 때, 그는 대단히 무뚝뚝한 데다 덩치는 산만큼 커서 괜스레 위압감을 느꼈다. 물론 나중에는 친하게 되었지만, 한동안은 말 붙이기조차 서먹서먹한 사람이었다.

아이들에게 탁구를 가르치다가 하루는 이 아이들을 우리 집으로 초대했다. 함께 식사도 하고 내 이야기를 해주면서 전도를 할 심산이었다. 몽골인 할장 코치를 아이들과 함께 초대할 것인가의 여부를 놓고 한동안 고민을 했는데, 나는 이 사람은 초대하지 않기로 내심 결정을 했었다. 잘은 모르지만, 할장 코치가 오면 아이들을 전도하는 데 방해가 될 것이라는 우려 때문이었다. 아이들이 좋아할 만한 음식을 극진히 준비하고 날짜를 정해서 초대를 했다.

그런데, 생각지도 못한 일이 벌어졌다. 내가 초대를 하지도 않았는데 할장 코치가 느닷없이 아이들과 함께 우리 집에 나타난 것이었다. 나는 내심 많이 당황했다. 그렇다고 당신은 내가 초대를 하지 않았으니 미안하지만 돌아가 달라고 말할 수도 없는 노릇이었다. 할 수 없이 아이들과 함께 정성껏 준비한 식사를 하고, 내가 선수 시절 활동했던 비디오 테이프를 보여주며 나의 신앙 간증을 했다. 아이들은 나의 선수 생활 모습을 두 눈으로 직접 확인하고는 무척 흥미로워하며 이야기꽃을 피우더니, 어느새 깔깔거리며 웃음꽃까지 만발했다. 그러면서 아이들은 내가 믿고 있는 신앙에 대해서도 호기심을 드러내기 시작했다.

하지만 할장 코치는 내내 무표정하고 심각한 표정으로 앉아 있어서 내심 걱정이 되었다. 그가 이 일에 대해 어떤 반응을 보일지 잘 가늠이 되지 않기 때문이었다.

앞에서도 말했듯이 몽골은 국민의 대다수가 라마교 신자였고, 외래 종교에 대해서는 강한 거부감을 느끼고 있어 조금은 걱정이 되었다.

내가 준비한 나름의 전도 이벤트가 끝나고 아이들은 다들 집으로 돌아갔다. 그런데 할장 코치는 아이들이 다 돌아갔는데도 미적미적 시간을 끌며 자신의 집으로 돌아가지 않았다. 그러더니 아이들이 다 나가고

난 뒤에 내게 물어볼 게 있다고 말했다.

그의 입에서 예상 밖의 질문이 튀어나왔다. 그는 자신이 과거에 몽골어로 된 성경책을 본 적이 있다면서 그것을 자신의 집에 감춰놓고 있다고 말했다. 그러면서 "정말로 하나님이 당신의 팔을 고쳐주셨느냐? 그리고 정말로 하나님이 올림픽 금메달을 따도록 해주셨느냐?"라고 질문했다. 그래서 나는 진지하고 분명하게 "그렇다."라고 답변했다. 그는 뭔가 깊은 고민에 빠진 사람처럼 심각한 표정으로 집으로 돌아갔다.

그 주 수요일 저녁예배 시간에 할장 코치가 이번에도 느닷없이 교회에 나타났다. 그의 출현은 나를 놀라게 만들었다. 어떤 생각을 가지고 무슨 목적으로 예배에 참석했는지 몹시 궁금했기 때문이었다. 그는 예배시간 내내 찬송과 기도와 말씀에 적극적인 반응을 보여서 처음에는 내 눈을 의심했지만, 오히려 이것은 시작에 불과한 일이었다. 그의 마음 한가운데서 어떤 일들이 일어나고 있는지 정확히 알 수는 없었지만, 성령님의 역사하심이 강하게 느껴졌다.

한번은 수요일 저녁예배를 마치고 할장 코치가 상기된 표정으로, 주일날 성도들 앞에서 자신의 간증을 하고 싶다고 말했다. 나는 매우 놀랐다. 그의 변화가 너무 갑작스럽고, 변화의 폭이 너무 컸기 때문이었다. 그래서 우리 부부는 그의 자초지종을 들어 본 후에, 주일예배에서 할장 코치의 간증을 성도들과 나누기로 결정했다.

주일에 그는 자신이 그린 두 장의 그림을 성도들에게 보여주며 간증을 시작했다. 그는 먼저 전체적으로 색상이 어둡고 분위기가 가라앉은 그림을 보여주었다. 그는 그 그림이 자신이 예수님을 믿기 전에 그린 그림이라고 설명했다. 이어서 그는 다른 한 장의 그림을 보여주었다. 그 그림은 색감이나 전체적인 분위기가 첫 번째 그림에 비해 무척 밝고 생동감이 넘쳐흘렀다. 그는 두 번째 그림을 가리키며 이 그림은 자신이 예수님을 믿게 된 이후에 그린 그림이라고 설명했다. 그림의 이런 극적인 변화는 그의 내면의 변화를 직접적이고 구체적으로 대변해주는 살아 있는 증거였다.

할장 코치가 교회에 출석하면서 그의 딸들도 교회에 출석하기 시작했다. 그에게는 모두 세 명의 딸이 있었는데, 이 세 명이 모두 교회의 주일학교에 출석하면서 아이들의 모임도 한층 활기를 띠었다. 아이들이 무척 총명해서 교회에서 성경퀴즈를 하기만 하면 그의 딸들이 항상 1등을 독차지했다. 그의 딸들은 공부를 무척 잘했는데도 불구하고 집안 형편상 제대로 진학을 하지 못한 상태였다. 우리 부부는 힘닿는 대로 그의 딸들에게 재정적인 지원을 아끼지 않았는데, 그 후로 딸들이 다시 공부할 기회를 갖게 되었다.

그의 딸 가운데 큰딸 짐계는 특별히 공부를 잘해서 울란바토르의 명문 대학인 몽골국제대학에 합격했는데, 우리 부부가 대학 장학금을 지원해서 그녀의 학업에 힘을 보태주었다.

우리 부부가 울란바토르에 사는 동안에는 그의 딸 짐계를 아예 우리 집에 데리고 있으면서 공부를 도왔는데, 이 아이는 나중에 몽골국제대학의 교수가 되는 인간 승리의 삶을 보여주어 주변의 사람들을 모두 놀라게 했다. 그런데 그 아이는 자신의 꿈은 유명한 교수가 되는 것이 아니라 우리 부부처럼 시골에 내려가서 주님의 복음을 전하는 하나님의 사람이 되는 것이라고 했다.

나는 짐계의 이런 이야기를 들으면서 내 작은 사역에 얼마나 보람을 느꼈는지 모른다. 어린 영혼들을 섬긴다는 것은 내일 일은 알 수 없지만 믿음으로 씨앗을 심는 일이고, 얼마나 큰 열매를 거둘지는 모르나 믿음의 분량만큼 은혜로 거두게 된다는 사실을 나는 깨닫게 되었다.

할장 코치, 그 한 영혼의 회심이 이런 놀라운 기적의 열매들을 잉태하고 있었다는 것과 또한 나의 작은 보살핌이 이런 놀라운 일을 합작하는 작은 도구가 되었다는 사실이 내게 큰 위로가 되었다. 그리고 내 사역의 중요성을 할장 코치와 딸 짐계의 열매를 보면서 다시 한번 인식하게 되었다.

비록 나의 사역은 몽골 오지에서 이름도 없고 빛도 없는 지극히 보잘 것없고 하찮은 사역이었을지라도, 하나님은 철을 따라 내가 알지 못했던 필요한 은혜의 열매들을 넉넉히 채워주시는 위로의 하나님이셨음을 고백한다.

07

남편 이영철 선교사의
몽골 성경 번역 이야기

> 내가 목표에 달성한 비밀을 말해줄게.
> 나의 강점은 바로 끈기야.
> _ 루이 파스퇴르

우리 부부는 몽골에서 15년 정도 사역을 했다. 교회를 개척해서 함께 교회를 섬긴 적도 있었지만, 남편의 주된 사역은 성경을 번역하는 일이었고 나는 그런 남편의 사역을 조용히 내조하며 탁구를 통해 복음을 전하는 일을 지속했다.

기독교는 하나님의 말씀인 성경을 토대로 이루어진 믿음체계다. 성경 없이는 올바른 신앙을 가질 수도 없고, 그 믿음이 성장할 수도 없다. 그런 의미에서 하나님의 말씀을 기록한 성경은 기독교 신앙의 가장 핵심적인 근거이자 출발점이라고 할 수 있다.

남편은 몽골에서 몽골 사람들이 자신들의 언어로 하나님의 말씀을 읽을 수 있도록 몽골 전통문자로 성경을 번역하는 작업을 10년 넘게 했다. 성경을 번역하는 일은 각고의 인내가 필요하다. 심지가 견고하지 못한 사람은 감히 그 일을 해낼 엄두도 내지 못 하는 일이 성경 번역 작업이다. 그 일은 단기간에 끝낼 수 없는 방대한 작업이고, 한 사람의 일생을 걸어야 할 만큼 가치가 있는 사역이다.

나는 이런 남편의 성경 번역 사역이 대단히 중요하고 의미 있는 사역이라고 확신했다. 그래서 그 모든 힘든 일을 감내하며 몽골 성경 번역이 완성될 때까지 참아낼 수 있었고, 남편이 자신의 사역에 집중할 수 있도록 힘닿는 데까지 나의 부족한 힘이라도 보태려고 노력했다. 그 결과 남편은 2012년 2월에 그야말로 피를 말리고 뼈를 깎는 노력 끝에 성경을 완역하였으며, 2014년에 드디어 몽골 성경을 출간하는 기쁨을 맛보았다.

내가 남편을 잘 내조했다고 자부할 수는 없지만, 그래도 남편에게 큰 도움을 주었다고 확신하는 부분은 비자 갱신 문제를 해결해준 점이다. 많은 선교사가 외국에서 사역할 때 비자를 연장하는 일로 어려움을 당하는 경우가 많은데, 내가 내몽골 체육회를 통해서 탁구를 지도하는 조건으로 워킹 비자를 받아서, 남편이 신분 문제로 걱정하지 않고 자유롭게 성경 번역 활동을 지속할 수 있었다.

우리가 처음 몽골에 들어갔을 때만 해도 우리 부부 역시 2년간 언어 교육을 받는 조건으로 몽골 학생 비자를 받고 입국했다. 따라서 2년은 몽골 언어를 배우는 기간으로 학교에서 언어 공부를 하면 체류할 수 있었지만, 2년의 학생 신분이 끝나면 다시 비자를 연장하는 일이 쉽지 않았다. 그리고 학생 신분으로 비자를 연장할 경우에는 반드시 학교 수업에 참석해야 하기 때문에, 선교 사역에 많은 지장을 초래할 수밖에 없었다.

그런 상황에서 내몽골 체육회에서 주는 나의 워킹 비자는 남편이 몽골에 거주하면서 체류 걱정을 전혀 하지 않고 지속적으로 성경 번역 사역을 하는 데 나름대로 일조한 것이었다. 비록 아내로서 내조가 부족했을지라도 남편 이영철 선교사가 이 고마움을 잊지 않았으면 하는 바람이다.

한 가지만 공치사를 더 하려고 한다. 남편이 몽골에서 그 나라 언어로 성경 번역을 하는 동안, 나는 내몽골 탁구선수들을 이끌고 한국으로 전지훈련을 떠났었다. 대한항공 이유성 전무님이 내가 내몽골에서 고생하며 사역한다면서, 내 사역을 돕기 위해 내가 지도하고 있는 아이들의 항공료와 숙박비를 포함한 일체의 비용을 지원하셔서 전원 무료로 10일 동안 전지훈련을 받도록 배려해 주셨다. 이런 일은 대한항공 역사에서도 전무후무한 일이었다고 한다.

전지훈련 기간에 이 전무님은 내게 "오지에서 이제 그만 고생하고, 빨리 돌아와서 대한항공 탁구 감독직을 맡아 달라."고 제안하셨다. 그렇지만 나는 이 전무님의 감독직 제의를 수락할 수 없었다. 그 이유는 내가 몽골에서 비자를 받지 못한다면 남편도 비자를 받을 수 없을 것이고, 그렇게 된다면 남편의 성경 번역 사역은 더 지속할 수 없을 것이며 결국 한 부족을 살릴 수 있는 몽골 성경은 나올 수 없기 때문이었다. 그래서 나는 감독직 제의를 주저함 없이 단호하게 포기할 수 있었다.

나는 그 당시 대한항공 감독직과 남편이 몽골 성경을 완역하는 일은 비교의 대상이 아니라고 생각했다. 그만큼 남편이 몽골 성경을 완역하는 일을 세상의 어떤 일보다 더 소중하고 가치 있는 일로 여겼다.

한 나라가, 또는 한 부족이 성경을 자기의 언어로 읽으며 하나님의 말씀을 알게 된다면 그것보다 소중한 일은 없다고 나는 확신한다. 자신들의 언어로 하나님의 은혜를 깨닫고, 하나님의 넓이와 길이와 높이와 깊이가 어떠함을 깨달아서 하나님의 그 크신 사랑을 알게 된다면, 그것은 내몽골의 교회 부흥뿐 아니라 그 주변의 수많은 부족에게도 축복이 될 것을 나는 확신했다.

그래서 나는 남편의 몽골 성경 완역을 돕기 위해 대한항공의 좋은 조건을 다 포기하고 희생을 감수할 수 있었다. 내가 남편의 성경을 완역하는 일과 그 일을 위해 몽골 비자를 얼마나 소중하게 여겼는가를 다시 한번 상기하게 된다.

나는 이 책 속에 그런 남편의 사역을 간략하게라도 소개하고 싶다. 하지만 나는 남편의 사역을 세세한 부분까지는 잘 모르고 또 잘 설명할 수도 없을 것 같아 여기에서는 남편의 이야기를 그대로 풀었다.

몽골 복음화의 비전

"지금은 몽골이 경제적으로나 문화적으로 많이 낙후되어 있지만, 한때 몽골은 전 세계를 지배하고 호령하던 민족이었다. 그런 만큼 몽골 사람들은 다른 민족에 비해 활달하고 씩씩한 기상을 갖고 있다. 유연하거나 부드럽고 자상하기보다는 대체로 강하고 직선적이다. 음악을 좋아하고 낯선 곳을 두려워하지 않는 모험가들이다. 이런 특성 때문에 선교 사역에 적합한 복 받은 민족이다. 그리고 몽골 사람들은 아웃리치 사역이 활발하고 또 잘하는 편이다.

현재 몽골의 전체 인구는 280만 명 정도인데, 중국 내에 거주하고 있는 몽골족의 숫자는 500만에 가깝다. 이 중 3분의 2 정도는 네이멍구 자치구에 거주하고 있다.

울란바토르를 중심으로 한 북몽골 지역은 2000년도에 성경이 완역되어 출간되었고 몽골성서공회도 설립되어 있다. 하지만 키릴문자를 사용하는 북몽골과 달리 네이멍구는 남몽골 전통 문자인 수직문자를 사용하고 있다.

그래서 자신들의 언어로 성경을 읽지 못하고 중국 성경을 가져다가 읽었다. 그런 아픔을 WEC 성경번역팀에서 수직문자로 성경을 번역, 출판해줌으로써 해소해 주었다.

나는 북몽골의 키릴문자 성경 번역에는 주연이 아닌 조연으로, 언어 공부를 마치고 3년 정도 참여했었다. 북몽골의 키릴문자 성경 번역 사역에 참여한 일은 내가 남몽골의 수직문자 성경 번역 작업을 하는 데 큰 도움이 되었다.

나는 남몽골의 수직문자 성경 번역을 위해 2002년 가을부터 2012년 봄까지 10년간 각고의 노력을 했다. 수많은 사람의 조력을 받아 마침내 남몽골 성경을 완역한 것이다. 남몽골 성경 번역을 시작할 당시에는, 내가 울란바토르에서 남몽골 네이멍구를 직접 방문해서 현지인들과 맞추어보는 방식으로 작업을 진행했는데, 2004년 봄부터 아예 가족이 짐을 꾸려 네이멍구로 이사를 해서 성경 번역 작업에 속도를 더하게 되었다.

북몽골 키릴문자 번역 작업에 3년, 남몽골 수직문자 작업에 꼬박 10년, 모두 13년의 작업 기간이 걸린 셈이었다.

나는 성경 번역을 하는 데 하루 중 평균 9~10시간을 투자했다. 오전 시간의 대부분은 몽골족 번역자들과 함께 토의하고 번역하는 일로 소요되었고, 오후 시간에는 오전의 작업을 바탕으로 나만의 성경 번역 작업이 이어졌다.

10년이면 강산도 변한다고 한다. 내가 성경 번역 작업을 처음 시작했을 때는 꽃다운 청춘의 멋진 모습이었는데, 작업을 마치고 나니 머리가 하얀 데다가 머리까지 빠진 중늙은이로 변해 있어 세월을 실감할 수 있었다.

남몽골 성경을 완역하고 출판할 당시에 지역의 신자 수는 아무리 늘

려서 잡아도 2천 명 정도에 지나지 않았다. 그래서 나를 포함해서 WEC의 임원들은 비용 문제도 있으니 최대 3~5천 부 정도 출판하자는 중지를 모았다. 그런데 나이가 지긋한 싱글 여자 선교사님이 1만 부를 찍자는 강한 제의를 하는 것이었다. 나와 선교부 임원들은 너무 놀라서 입을 다물지 못했지만, 결국 여선교사님의 생각대로 1만부를 출판하게 되었고, 출판 비용 5천만 원 중의 80퍼센트를 그분이 조달해 주었다. 결과적으로 그분의 큰 믿음이 이긴 것이었다.

남몽골 성경 출판 비용은 주로 개인이나 교회, 단체 등의 후원을 통해 이루어졌다. 가장 큰 지원은 화교 사업가가 해주었고, 그다음이 한국 교회들이었으며, 몽골 교회도 꽤 많은 연보로 힘을 보탰다. 내게 가장 기억에 남는 후원금은 시골에서 공사 차량을 운전하던 몽골족 성도가 자신의 통장을 탈탈 털어 보내준 것이었다.

성경 출판기념회가 네이멍구 후허하오터에서 몽골족 교회지도자들과 교인들의 참여 속에 열렸다. 멀리 한국 땅에서 늘 사랑과 관심 그리고 후원을 아끼지 않는 강북제일교회의 황형택 목사님과 사랑의교회 해외선교부 총무셨던 한정훈 목사님 등이 축하해주러 먼 길을 마다하지 않고 한걸음에 달려와 주었다.

몽골족 번역의 조력자 중에는 현지의 신문사 기자도 있었다. 번역이 끝나갈 무렵 기자는 나에게 외국인으로서 몽골어를 어떻게 생각하는지 글로 한번 써 달라고 요청했다.

그래서 나는 한국어나 일본어와는 달리, 몽골어는 몽골 사람들이 중국과 인접해 있으면서도 그 어휘의 대부분이 한자에 의존하지 않고 자체적인 언어를 사용하고 있다는 점과, 시로 표현할 때도 내재율에 크게 의존하는 한국어나 일본어와 달리 두운법 등 외형적 운율도 중시하는 점들이 참 좋다고 표현했다. 그런데 이런 나의 글이 한족에게 눌려 살던 몽골족의 자존심을 살려줬다고, 몽골 사람들에게 적지 않은 반향을 일으키면서 온라인상에서 한동안 인기를 누렸었다.

남몽골 성경 번역 작업을 하면서 나름대로 보람을 느낀 점이라면, 양질의 성경 번역을 위해서는 무엇보다 훌륭한 현지 번역자들의 조력을 얻어야 하는데, 하나님께서는 신앙도 좋고, 현지어로 말도 잘하고 글도 잘 쓰는 동역자들을 붙여주셨다.

또한, 번역과 관련하여 컴퓨터에 문제가 발생할 때마다 도움을 주었던 일본인 선교사, 또 몽골어 성경을 예쁜 휴대전화 앱으로 만들어 주어서 몽골 사람들이 손쉽게 사용할 수 있도록 해준 미국인 선교사 등, 몽골어 성경을 위해 국제적으로 동역할 수 있었다는 점이 나에게 큰 기쁨이고 보람이었다.

그리고 무엇보다 양질의 번역을 위해서는 충분한 시간 확보가 가장 필수적인 조건인데, 나의 경우에는 아내가 비자 문제를 말끔히 해결해 주었기 때문에 자유롭게 나의 모든 힘과 시간을 들여 번역에 몰두할 수 있었다.

이제 남몽골 네이멍구 사람들도 자신들의 문자로 된 성경을 갖게 되었다. 또 중국 내의 몽골족들도 자신들의 언어로 성경을 읽게 되었다.

중국은 아직도 기독교를 인정하고 있지 않다. 그래서 공식적으로는 남몽골 성경을 인쇄할 수 없다. 그래서 비공식적으로 1만 부의 성경을 인쇄해 배포했는데 벌써 다 소진된 상태다. 그래서 휴대전화 앱으로 만든 디지털 성경을 배포하고 있다. 인쇄된 성경을 구입하지 못한 사람들은 이 휴대전화 앱으로 성경을 보고 있다. 나와 WEC 성경번역팀에서 현재 개정판 작업을 준비 중이다.

몽골족은 한때 아시아 전역을 제패하고 유럽까지 내려갔던 기마민족이었다. 그래서 그 후손들이 중앙아시아 전역에 골고루 퍼져 있다. 심지어는 러시아, 아프가니스탄, 인도에까지 폭넓게 거주하고 있다.

만약 몽골의 복음화가 이루어지면, 이들 몽골의 후손들에게도 쉽게 복음이 전파될 수 있다. 또 몽골을 전초기지로 중앙아시아의 실크로드를 따라 수많은 소수민족에게도 복음이 전파될 수 있다. 그런 의미에서 남몽골 성경이 나오는 것은 대단히 시급한 일이었고 동시에 중요한 일이었다.

그동안의 노력으로 이제 북몽골 성경과 남몽골 성경이 모두 갖추어지게 되었다. 이제 이 성경을 가능한 한 많이 보급하고 읽히는 일은 몽골의 복음화를 위해 중요한 토대를 놓는 작업이 될 것이다. 한국 교회가 이 사역에 관심을 두고 기도하며 협력한다면, 의미 있는 열매를 많이 거둘 수 있을 것으로 나는 확신한다.

끝으로 나는 성경 번역 선교사로 몽골에서 15년 동안 성경 번역의 일을 하며 내 인생의 소중한 시간을 보냈다. 나는 앞으로도 성경 번역을 먼저 마무리한 사람으로서, 후배 성경 번역 선교사들을 돕는 일을 지속할 것이고, 현재노 동남아시아나 중국, 네팔 등의 소수부족 성경번역팀들을 방문하고 지원하는 사역을 힘닿는 대로 돕고 있다.

아울러 국내에 들어와 있는 외국인들에게 복음을 전하는 이주민 사역, 선교에 관한 글과 기독교를 변증하는 책들을 출판하는 문서 사역 등을 남은 인생 동안 중단하지 않고 지속해나갈 것이다."

08

네이멍구에서 만난
조선족 김 사장님과의 인연

> 사람은 남을 대하는 그 태도에서
> 행복이 결정된다.
> — 플라톤

네이멍구 후허하오터에 있을 때 나는 비교적 '조용히' 살았다. 울란바토르와 달리 네이멍구는 자치구로 중국에 속해 있었다. 따라서 종교의 자유가 없었고 중국 공안이 늘 나를 따라붙었다. 아이들을 상대로 함부로 전도활동을 했다가는 성경 번역 작업을 하고 있는 남편에게 큰 문제가 발생할 수도 있어 더욱 조심스러웠다.

그래서 나는 아이들에게 탁구를 가르치는 일에만 전념하고 있었는데, 이런 내 생각이 잘못된 거라는 사실을 일깨워주는 '사건'이 발생했다. 바로 후허하오터에서 식당을 운영하고 있던 조선족 김 사장님 때문이었다. 이분은 내가 후허하오터로 이사 오기 전부터 알고 지내던 사람이었다.

울란바토르에서 네이멍구 후허하오터로 성경 번역 사역을 의논하러 우리 부부가 기차를 타고 24시간이나 걸려 도착했을 때였다. 김 사장님은 탁구를 무척 좋아해 내 팬이 되었고, 내가 그곳에 온다는 소식을 접하고 우리를 처음으로 만난 것이다.

그 당시 우리 가족은 울란바토르에서 살고 있었고, 몽골 생활에 적응하느라 매우 힘들어하던 때였다. 특히 내가 몽골에서 힘들었던 것은 육식 위주의 몽골 식단 때문이었다. 나는 바다 생신이나 채소 위주로 음식을 먹는데, 몽골에서는 육류 위주의 식단이어서 모든 것이 입에 맞지 않아 사는 맛이 나지 않을 때였다. 생선을 먹고 싶어도 구하기 힘들었고, 생선을 사려고 해도 민물 생선만 있었다. 또 바다 생선이 있다 해도 너무 비싸 감히 살 엄두도 내지 못했다.

그런데 어느 겨울날, 집에 커다란 소포가 도착해 열어보았더니, 그 속에 내가 그동안 그렇게 먹고 싶어 했던 생선이 가득 들어있는 것이 아닌가! 조기, 고등어, 갈치 등의 생선이 큰 상자에 한가득 들어있었다. 네이멍구의 김 사장님이 내게 보내주신 것이다. 나는 놀란 눈으로 생선들을 바라보다가 그만 눈물이 나고 말았다. 나를 그렇게 위로해주신 김 사장님의 따뜻한 마음이 고스란히 느껴졌다. 그것도 한 번이 아니라 두 번씩이나 보내주어서 나를 감동하게 한 분이 김 사장님이었다.

우리가 성경 번역 사역을 위해 울란바토르에서 네이멍구 후허하오터로 내려갔을 때도, 그분은 자신의 집 중 한 채를 아예 빌려주어 그곳에서 살도록 배려해 주었다. 우리 가족은 김 사장님 집에서 아주 저렴한

가격으로 2004년 4월부터 2012년 2월까지 무려 8년 동안이나 그분의 도움을 받으며 생활할 수 있었다.

또 김 사장님은 네이멍구 체육부의 탁구 대표팀과도 나를 연결해준 고마운 장본인이기도 했다. 그분은 우리 부부의 성경 번역 사역을 아주 귀하게 여겨주셨고, 나의 모든 필요를 채워줄 만큼 도움을 요청할 때마다 언제나 도움을 아끼지 않으셨다.

김 사장님은 승용차가 있어서 내가 체육관을 가는 일이나 바쁜 볼일이 있을 경우에는 마치 비서처럼 차를 태워 주셨고, 언어적으로도 중요한 통역이 필요할 때면 중국말로 많은 도움을 주셨다. 기차표나 비행기 표를 구하는 자질구레한 일들까지도 이래저래 참 많은 도움을 받은, 늘 고마운 분이었다.

나를 부끄럽게 한 김 사장님의 전도 열정

무엇보다도 이 조선족 사장님의 믿음이 대단했다. 중국에서는 공식적으로 전도가 금지되어 있음에도 불구하고, 이분은 본인이 운영하는 식당 벽에 대장금 사진을 걸어놓고, 그 밑에 중국어로 된 성경구절을 함께 붙여 놓으셨다. 택시를 타면 택시기사를 상대로 전도를 하셨고, 식당에서는 음식값을 깎아주시면서 전도지를 나눠주고 심지어 식당을 자주 찾는 손님들에게 중국 성경을 선물해주기도 하셨다.

북한 탁구선수들이 전지훈련을 하러 네이멍구 지역에 오면 3개월 정도씩 머물며 합숙 훈련을 했는데, 그때마다 김 사장님은 북한 선수들에게 여러 차례 무료로 식사를 대접하시며 각별한 호의를 아끼지 않으셨다. 식사를 대접하시고는 가끔 전도 영화도 보여주시고, 크리스마스 때는 북한 선수들을 초대하셔서 식사 대접은 물론이며 선물도 골고루 나눠주셨다.

게다가 진심 어린 기도까지 해주시는 등 드러내지 않지만 전도의 삶을 실천하셨다. 나도 김 사장님 덕분에 그곳에 머무는 동안 북한 선수들과 개인적으로 친분을 쌓고 교제를 나눌 수 있었다. 그런데 하루는 그분이 내게 이런 말씀을 하시는 것이었다.

"저는 한국의 기독교인들이 잘 이해가 안 갑니다. 인터넷도 잘 돼 있고 훌륭한 목사님들도 많아서 그저 버튼 하나만 누르면 얼마든지 좋은 설교 말씀을 다 들을 수 있고, 신앙생활도 아무런 구속도 당하지 않고 자유로운 환경에서 얼마든지 마음껏 할 수 있는데, 왜 그렇게 좋은 하나님을 전도하지 않습니까?
하나님의 은혜를 그토록 풍족하게 받아 누리면서도 전도를 안 한다는 게 저로서는 도무지 이해가 안 됩니다. 그저 주일날만 성경책을 들고 교회 마당만 밟고 왔다 가는 한국 교회 선데이 크리스천들의 심장은 도대체 어떤 구조로 되어 있는지 한번 열어서 들여다보고 싶은 마음입니다."

그분의 이야기가 내 가슴을 찔렀고 강하게 한 방 얻어맞은 사람처럼 심한 충격을 받았다. 뭐라고 마땅히 대꾸할 말이 없었다. 그분이 책망하시는 그 '안일하고 은혜를 모르는 기독교인'이 바로 나인 것처럼 느껴져 내심 마음이 몹시 불편했다.

물론 전도가 금지되어 있고 그로 인해 남편의 사역에 지장을 초래할 수 있어 전도하는 일을 자제하고 있다는 변명이 내게 있었지만, 그분의 예리한 지적은 최선을 다해서 전도하지 않는 내 모습을 돌아보게 했다. 정신이 번쩍 들었다.

09

은혜와 시은이를
한국에 데려오다

> 사랑은 이를 주는 자와 받는 자를 치료한다.
> _ 매니저

자신이 해야 할 일을 하고 있지 않을 때는 늘 마음 한구석이 불편하기 마련이다. 이런 느낌은 여러 가지 일로 바쁘게 살고 있어도 늘 우리를 따라다니며 마음속에서 경고의 알람을 울려댄다. 결코, 모른척하기가 쉽지 않다.

난 네이멍구 청소년 탁구팀 선수들을 지도하고 있었지만, 그것이 나의 일 전부일 수는 없었다. 탁구가 내가 세상과 소통하기 위한 창이라면, 선교 사역은 내 영혼이 하나님과 소통하기 위한 또 다른 나의 창이었다. 한 가지로만은 충만해질 수 없었다.

마음이 늘 불편한 것은 어찌 보면 마땅히 해야 할 일을 하지 못하기 때문이었다. 여기에 고춧가루를 잔뜩 뿌려 나를 욱신거리게 만들고 또 한 번의 인생의 변곡점을 찾게 만든 사람이 바로 조선족 식당 김 사장님이었다.

갈급했다. 내 영혼이 갈급해 하고 있었다. 하지만 뾰족한 대안이 생각나지 않았다. 현실적으로 내가 선택하거나 만들어낼 수 있는 돌파구가 눈에 잘 띄지 않았다. 내가 할 수 있는 것은 기도하는 일뿐이었다. 그래서 돌파구를 만들어 달라고 하나님께 기도했다.

그리고 얼마 후, 그런 나의 기도를 들으셨는지 하나님이 새로운 길을 열어주셨다. 그 길은 한국으로부터 찾아왔다. 평소 알고 지내던 대한항공 전무님이 나의 길을 열어주었다. 내가 지도하는 네이멍구 탁구팀을 데리고 한국에 와서 전지훈련을 하라는 것이었다. 비행기 표와 숙소는 항공사 측에서 마련해줄 테니 아무 걱정하지 말고 나오기만 하면 된다는 것이었다. 거절할 이유가 없었다.

그래서 은혜와 시은이를 비롯해 모두 여섯 명이 대한항공사 측에서 마련해 준 숙소에서 지내며 합숙 훈련을 했다. 그리고 주일에는 선수들을 데리고 중국인 교회에 나갔다. 네이멍구의 탁구선수들은 거의 대부분이 중국인이다. 본토의 중국인 선수들이 탁구를 위해 네이멍구로 옮겨오기 때문이었다.

한국에서 중국어 예배에 참석하는 동안 이 아이들은 복음을 받아들이고 예수님을 구주로 영접했다. 그리고 네이멍구로 돌아와서는 일주일에 한 번씩 우리 집에 모여서 함께 성경공부를 하고 세례까지 받았다. 그들

가운데도 특별히 은혜와 시은이는 나에게 친딸과 같은 존재들이다.

　내 몸으로 낳지는 않았지만, 주님 안에서 복음으로 산고를 겪으며 낳은 딸들이다. 이 아이들에게는 나의 손때가 묻어있고, 사랑이 묻어있으며 눈물이 흠뻑 묻어있고, 아픔이 묻어있다. 이런 산고를 겪지 않고서는 진정한 어미 노릇을 할 수 없다는 사실을, 겪을 것 다 겪고서야 알게 되었다.

　은혜를 한국으로 데려오게 된 것은 아버님의 간절한 부탁 때문이었다. 은혜의 본명은 자오칭인데, 중국 하북성이 고향이다. 중국에는 워낙 탁구를 잘하는 사람이 많다 보니 그곳에서 꼬리가 되기보다는 네이멍구에서 머리가 되자는 생각으로 옮겨왔다. 하지만 집안이 워낙 가난해서 은혜를 제대로 뒷받침해줄 수가 없게 되자, 은혜의 부모님은 은혜가 한국으로 귀화해서 좋은 조건에서 제대로 탁구를 할 수 있기를 소원했다.

　그분들의 소망이 너무도 간절했기에 나는 은혜를 내 수양딸로 삼아서라도 한국으로 데려올 심산이었다. 그런데 다행스럽게도 내가 잘 아는 목사님이 2011년에 은혜를 입양하셨다. 우여곡절 끝에 은혜가 이렇게 한국으로 들어와 귀화하면서 친구인 시은이도 은혜와 같은 전철을 밟아 2012년에 한국으로 귀화하게 되었다. 시은이의 본명은 왕 쉬엔이고, 중국 하북성이 고향이다.

이 아이들은 한국에서 고등학교를 졸업하고 실업팀에서 활약했는데, 은혜는 지금도 대한항공에서 선수로 뛰고 있고, 시은이는 5년 정도 실업팀 대우증권과 서울시청 등에서 선수 생활을 지속하다 허리 부상으로 은퇴했다.

나의 두 딸인 은혜와 시은이가 한국생활에서 적응하며 겪은 어려운 일들은 주님의 복음을 전하기 위해 내가 감수해야만 했던 작은 나의 십자가이기도 했다. 나는 이 아이들을 만날 때마다 얼마나 많이 울었는지, 내가 진짜 배 아파 낳은 두 딸을 키우며 울어보지 못한 눈물을 이 아이들로 인해 펑펑 쏟았다.

먼저 아이들이 겪은 마음고생은 문화 차이로 인한 갈등이었다. 고등학교 2학년생으로 한국생활에 적응하는 일은 예상보다 쉽지 않았다. 일단 한국말을 익히고 한국말로 소통하는 일이 급선무였는데, 남의 나라 언어를 배우는 일이 어디 그리 쉬운가. 결국, 언어가 한국생활 적응의 척도인데, 언어를 배우는 일은 시간을 필요로 하고, 그 만큼의 노력이 따라주어야만 가능한데, 운동선수로 생활하다 보니 언어를 배우고 익히는 일에 시간을 투자하는 것이 그리 쉽지 않았다.

무엇보다 중국 문화와 한국 문화 차이가 엄청났다. 가장 먼저 아이들을 혼란에 빠트린 문화 차이는 사람들과의 의사소통에서 존칭을 사용하는 문제였는데, 괴리가 너무 커서 갈등의 골이 예상보다 깊었다.

중국에서는 상하관계를 나타내는 존댓말이 없어서 모두 같은 용어를 사용해서 부르면 아무 문제가 없었다. 그러나 한국에서는 선후배, 스승과 제자, 선수와 코치, 감독 등의 윗사람과 아랫사람, 동료와 친구 사이에서 부르는 호칭과 존칭이 너무 헷갈려 많은 오해를 샀다.

선배들이나 코치의 입장에서는 이들의 말투가 마치 반말하는 것처럼 들려 오해를 샀고, 그런 일들로 지적을 당하며 마음의 상처를 입는 일이 다반사였다. 그래서 아이들은 위축되어 자신감을 잃었고, 말하는 것을 두려워하며 항상 조심스러워했다.

완전히 다른 이질적인 문화에서 한창 예민한 사춘기의 아이들이 그런 일들로 겪었을 스트레스와 심적 고통을 생각하니 내 마음도 짠했다. 오죽하면 은혜와 시은이가 다시 돌아가고 싶다고 눈물로 호소했을까.

나 또한 은혜와 시은이를 한국에 데려온 일들로 적지 않은 마음고생을 겪었다. 특히 은혜가 다닌 고등학교 탁구팀이 갑자기 경기에서 좋은 성적을 거두고, 그 학교 탁구팀이 강해지자 다른 학교 탁구팀에서 곱지 않은 시선으로 색안경을 끼고 보며 은혜에 대해 시비를 거는 것이었다. 한마디로 중국 탁구선수가 한국에 귀화해서 한국선수들이 받아야 할 혜택을 받지 못하게 되었다고 얼토당토않은 억지를 부렸다.

이렇게 두 딸의 귀화로 인해 내가 겪은 아픔은 십자가의 고통에는 비교할 수 없지만, 나로서는 눈물 없이는 말로 다 표현할 수 없는 나의 간증이기도 했다.

예쁘게 자라 준 아이들

　어찌 되었든 은혜와 시은이는 그 모든 어려움을 잘 극복하고 하나님의 자녀들로 우뚝 서서 자신의 몫을 대견스럽게 잘 감당하고 있어, 눈물 나도록 감사할 따름이다.
　은혜는 성실하고 남다른 승부욕이 있어 한국에서도 두각을 나타냈다. 백핸드가 워낙 좋고 빠른 데다 힘까지 있어서 학생 시절에는 전국체전에서 준우승을 차지했고, 현재도 대한항공 실업 선수로 맹활약 중이다.

　21세 이하 벨라루스 국제 오픈 대회에서 단식 우승을 차지했고, 2018년 유니버시아드대회에서는 국가대표 선수로 태극마크를 달고 참가하여 단체전에서 금메달을 따는 영광도 누렸다.
　무엇보다 감사한 것은 은혜가 운동을 하거나 시합을 할 때마다 하나님께 기도하는 것이다. 그 모습을 멀리서 지켜볼 때면 내 마음에 기쁨과 감격이 몰려오고, 그동안 힘들었던 아픔들은 봄눈 녹듯 사라지며 뿌듯한 보람이 느껴지고 내 마음마저 흐뭇해진다.

　은혜가 나를 떠올릴 때 어떻게 느껴지는지 전광 목사님께 밝힌 다음의 내용은 나에게 너무나 감동이 되었다.

　"양 선교사님은 저에게 엄마 같은 분이셔요. 항상 나에게 관심을 두고 모든 필요한 것을 도와주시는 엄마요. 힘들 때나 외로울 때 늘 기도해주시고, 무엇이든 첫 번째로 얘기할 수 있는 엄마 같은 분이에요.
그리고 선생님 같은 분이고요. 탁구를 하면서 어려운 고비 때마다 힘을 주시고, 포기하고 싶을 때마다 나를 일으켜 세워주시는 분이에요. 제 인생 중에 가장 감사하는 분이에요.
내가 잘 못하거나 부족해도 심지어 나의 약점까지도 다 받아주시는 내 인생 최고의 선생님이셔요."

또 다른 나의 딸 시은이는 현재 실업 선수 생활을 접고, 지금은 탁구 코치로 활동하고 있다. 다행히 몸이 많이 호전되어 선수 생활을 할 때보다 오히려 가르치는 은사가 더 뛰어나 내가 책임자로 있는 하남체육관 탁구교실에서 탁구 전임코치로 많은 사람의 사랑을 받으며 인기를 독차지하고 있다. 그래서 시은이에게 레슨을 받으려면 대기자 명단에 이름을 올려놓고 기다려야만 레슨을 받을 수 있을 정도다.

얼마 전 시은이가 중국인들 청년부 수련회에 다녀와서 나에게 들려준 말이다. 그동안 자기가 이렇게 탁구 레슨만 하면서 인생을 살아가야 하는지에 대한 심각한 고민을 했었다고 한다. 그런데 이번 수련회를 통해서 '달란트로 하나님께서 주신 탁구 재능을 잘 사용해서 선교해야 한다'라는 소중한 깨달음을 갖게 되었으며, "이제 탁구교실에서도 선교 마인드를 가지고 사람들을 섬기려고 한다."라는 기특한 간증을 했다.

나는 은혜와 시은이가 한국에서 생활하는 8년 동안 항상 저들과 함께했다. 살얼음판을 걷는 심정으로 나의 두 딸 은혜와 시은이를 지켜보았고, 사랑의 끈을 한시도 놓지 않았으며 기도하는 심정으로 늘 그들과 함께했다.

　은혜와 시은이를 선교지 네이멍구에서 한국 땅으로 데리고 나오면서 나는 부모의 마음으로 무거운 책임감을 느꼈고, 지금까지도 그 책임감의 무게를 내려놓지 않으며 생활하고 있다. 사랑스러운 나의 딸들이 스스로 일어설 때까지 도움을 주려고 노력했는데, 기특하게도 제 역할을 잘 해주고 있어 감사하다. 이제는 한국말도 제법 많이 늘었고, 한국말로 기도하는 두 딸의 모습을 지켜볼 때 얼마나 기특하고 자랑스러운지!
　은혜와 시은이는 현재 둘 다 사랑의교회 중국인 예배에 출석하며 열심히 신앙생활을 하고 있다.

10

선교지에서의
자녀 교육

> 삶은 단계별로
> 사랑을 배우는 학교다.
> _ 폴 투르니에

　　　　　　자녀가 좋은 선생님을 만나는 일만큼 부모로서 안심되는 일이 또 있을까? 해외에 나가 있는 대부분의 선교사는 공통적으로 자녀 교육 걱정을 한다. 물론 우리나라보다 교육 시스템이 잘 갖추어진 선진국에서 사역하는 경우에는 좀 덜하겠지만, 많은 수의 선교사가 제3세계나 개발도상국 혹은 오지로 들어가는 경우가 허다하기 때문에 선교사 가정의 자녀 교육은 큰 숙제거리가 된다.

　울란바토르에 있을 때 남편은 아이들이 잠들기 전 침대 머리맡에서 헤세드 성경주석 뒤에 붙어 있는 예화들을 많이 읽어주었다. 아이들에게 읽어준 성경 이야기는 그들의 영적 자양분이 되었음은 두말할 필요도 없다.

　또 저녁에는 가정예배를 드렸는데, 이때 영어 성경을 돌아가며 읽었다. 영어 성경 읽기는 아이들이 성경말씀을 읽으면서 영어도 배워 일석이조였다.

몽골 선교사로 가면서 내가 가장 걱정되었던 부분은 두 딸 반재와 윤재의 교육 문제였다. 우리가 몽골로 들어갈 당시 두 아이는 각각 다섯 살과 네 살이었다. 몽골은 한국과 달리 여러모로 교육 시설이 열악했고, 그런 환경 속에서 아이들을 어떻게 양육하고 교육해야 할지 나로서는 도무지 감이 잡히질 않았다.

그렇지만 나의 두 딸은 이런 부모의 걱정을 아는지 모르는지, 현지에 바로 적응해서 그곳의 아이들과 잘 어울려 놀았다. 또 시간이 얼마 지나지 않아 몽골어도 능숙하게 구사했다. 아이들이 현지 생활에 무탈하게 잘 적응한 것은 하나님의 특별하신 은혜였다고 생각한다.

하지만 생샨드 지역으로 이사를 하면서는 생각보다 문제가 좀 더 복잡해졌다. 생샨드 지역은 수도인 울란바토르에서 기차로 10시간이나 걸리는 외진 곳으로, 교육 환경은 이전보다 더욱 열악했다.

우리 아이들을 홈스쿨링으로 교육했지만, 나나 남편이 그 아이들의 필요를 충분히 채워줄 정도의 능력은 아니었다. 아이들에게는 부모 말고도 도움의 손길이 절실했고, 우리는 이를 간절히 바라고 기도했다. 하지만 누가 자원봉사자로 이 멀고 험한 외진 구석빼기까지 찾아와서 도움을 주겠는가.

나는 기도를 하면서도 마음속으로는 정말 그런 헌신자가 나타난다면 그야말로 기적이라고 생각했다. 그런데 우리에게 선생님이 필요하다는 소식을 접하고 한 자매가 자원을 한 것이다. 대도시에서 유치원 교사를 하던 자매였는데, 이 자매가 몽골 생샨드마을의 춥고 불편한 우리 집까지 와서, 그것도 한겨울 내내 오들오들 떨면서 아이들을 위한 홈스쿨링을 해주었다.

이 자매는 아이들에게 요리도 가르쳐 주고, 아이들과 함께 집을 꾸미기도 하면서 부족한 한국어도 가르쳐 주었다. 생샨드마을은 문화시설이 전무한, 거의 수도원과 같은 곳이라 영화관은 물론이고 어린이들을 위한 놀이시설이나 심지어는 텔레비전조차 없었다. 그런 열악한 환경 가운데 이 자매는 그 춥고 긴 겨울을 우리 가족과 함께 버티면서 아이들을 웃게 해주었다.

이 자매가 한국으로 되돌아간 다음에는 입시학원에서 수학을 가르치던 선생님이 서울에서 생샨드마을까지 찾아왔다. 이 선생님은 유치원 교사처럼 아기자기하고 재미있지는 않았지만, 아이들에게 꼭 필요한 것들을 가르쳐 주었다. 초등학교에서 배워야 할 과목들을 중심으로 수업을 진행하면서 학습의 기초를 단단하게 다져주었다.

그러는 사이 우리는 안식년을 맞아 호주에서 지냈고, 영국 WEC 선교본부에서 선교 훈련을 마친 후에 다시 몽골로 되돌아왔다. 호주와 영국에 있는 동안 아이들은 그곳에서 영어 교육을 받았다.

우리 아이들은 자신의 의지와는 상관없이 부모를 따라 이곳저곳을 따라다닐 수밖에 없는 선교사 자녀의 처지였지만 하나님께서 늘 돕는 손길들을 보내주셔서 필요를 채울 수 있었다.

로즈메리 선생님을 만나다

안식년을 마치고 다시 몽골로 돌아왔을 때 우리는 평생 잊지 못할 한 사람을 만나게 되었다. 바로 영국인 교사 로즈메리 우드 선생님이다. 로즈메리는 영국에서 9년간 초등학교 정식 교사로 근무한 교육 전문가였다. 우리가 이 선생님을 만나게 된 건 우연처럼 느껴지지만, 난 그 안에 우리 아이들을 향한 하나님의 놀라우신 섭리가 숨어있다고 확신한다.

그렇지 않고서야 어떻게 전혀 일면식도 없는 한국인 선교사 부부를 위해, 그 멀고 먼 영국 땅에서 모든 것에 부족함이 없고 안정적으로 생활하던 선생님이 몽골의 오지 샌샌드 지역의 작은 마을까지 날아올 수 있었을까. 그리고 3년 동안이나 온전히 두 아이만을 위해, 그것도 보수를 받지 않는 자원봉사자로 헌신할 수 있었을까? 상식적으로는 도저히 가능하지도 이해되지도 않는 이야기 아닌가!

영국에서 몽골로 다시 돌아왔을 때, 우리 부부는 영국 WEC 선교본부로 우리 가족의 기도제목을 보냈다. 반재와 윤재를 위한 홈스쿨링 선생님이 절실히 필요하다는 내용이었다. 이 기도제목을 우연히 로즈메리 선생님이 접하게 되었다. WEC 선교본부에 있던 친구가 우리 가정의 기도제목을 로즈메리 선생님에게 알려준 것이었다.

그 편지를 본 로즈메리는 몽골로 올 결심을 굳혔다고 한다. 하나님의 도우심이었다. 로즈메리는 9년 동안 근무했던 초등학교에 한 치의 망설임도 없이 사표를 내고, 가르치던 모든 초등학교 교과서를 챙겨서 울란바토르로 날아왔다. 우리 부부가 감히 상상하지도 못했던 꿈같은 일이 일어났고, 로즈메리는 우리 아이들에게 너무 큰 도움이 되어주었다.

로즈메리 선생님은 아침부터 오후까지 마치 학교 수업을 하듯, 우리 아이들을 철저하게 돌봐주었다. 영국의 초등학교 교과서를 가지고 꼼꼼하게 전 과목을 지도해 주었다. 우리 집 인근에 방을 얻은 선생님은 그렇게 주말을 제외하고는 습관처럼 매일 출퇴근을 반복하며 학교에서 수업을 진행하듯 우리 아이들을 철저하게 지도해 주었다.

선생님은 모든 것을 자비로 충당하겠다고 했지만, 너무 감사해서 방세만은 우리가 지불했다. 그렇게 두 딸의 홈스쿨링을 지도했던 로즈메리는 우리 가족이 몽골 성경 번역을 위해 울란바토르에서 기차로 20시간이 넘게 걸리는 네이멍구로 옮겨갈 때도 우리와 함께해서 무려 3년을 무보수로 아이들을 지도해 주었다. 나는 로즈메리 선생님을 대할 때마다 혹시 '변장한 천사'가 아닐까 의심하곤 했다.

로즈메리 선생님을 처음 만났을 때 큰딸인 반재는 한국으로 치면 초등학교 3학년생이었다. 그리고 반재가 중학교로 진학해야 할 즈음, 로즈메리 선생님은 3년의 자원봉사 기간을 꽉 채우고 영국으로 되돌아갔다. 초등학교 선생님이었기 때문에 중등 교육과정은 본인이 감당할 수 없다고 판단해 되돌아간 것이었다.

그리고 사표를 냈던 학교로 복직을 다시 신청해서 지금도 교사로 활동하고 있다. 참으로 귀한 인연이었고 한참 성장기에 있던 아이들에게 너무도 큰 도움을 준 특별한 선생님이었다. 학습적인 면에서뿐만 아니라 인성적인 측면에서도 로즈메리 선생님은 우리 아이들에게 지대한 영향을 미쳤다.

선생님을 닮아가는 아이들

반재와 윤재는 로즈메리 선생님의 기대처럼 잘 자라주어 누구에게도 의존하지 않고 자신의 날개로 높이 날아 독립적인 인생을 사는 법을 일찍부터 터득하지 않았나 생각한다. 아이들은 이후 대전에 있는 국제학교에 들어가 공부를 한 뒤, 모두 외국에서 대학을 마치고 현재 영국과 미국에서 각각 교사의 길을 걷고 있다. 아이들이 이런 길을 선택한 것은 전적으로 로즈메리 선생님의 영향 덕분이라 나는 확신한다.

엄마인 나로서는 사실, 로즈메리 선생님에게 그 고마움을 달리 표현할 길이 없다. 다행히 내가 지난 2012년 런던 올림픽 탁구 해설자로 영국에 가게 되었을 때, 로즈메리 선생님에게 연락을 해 기쁨의 재회를 하고 즐거운 시간을 함께 보낼 수 있었다. 또한, 지난해 8월에는 한국으로 초청해서 우리 가족과 함께 여행을 하며 아이들과도 평생 잊을 수 없는 추억을 만들었다. 참으로 오랜만에 모두가 지난날들을 추억하며 함께한 행복한 시간이었다.

하지만 이런 작은 것들이 어찌 로즈메리 선생님이 우리 아이들에게 보여준 그 어마어마한 소중한 사랑과 헌신에 비교할 수 있을까? 오로지 아이들만을 위해서 자신의 모든 것을 내어주신 선생님의 엄청난 희생을 그 어떤 것으로 다 갚을 수 있겠는가!

올해 6월 큰딸 반재의 결혼식이 스코틀랜드 에든버러 라시링교회에서 있었다. 로즈메리 선생님은 영국에서 7시간이나 걸리는 장거리를 손수 운전을 하고 그곳까지 와주어서 반재와 우리 가족 모두를 놀라게 했다. 그날 로즈메리 선생님은 본인이 직접 홈스쿨링을 하며 삶을 가르쳐준 꼬맹이 제자가 이제 진정한 어른으로 새로운 날갯짓을 하는 반재의 결혼식을 응원하고 축복하기 위해 그 먼 길을 마다하지 않고 온 것이었다. 로즈메리 선생님이 반재의 결혼식에 참가해서 반재의 결혼식을 축복해주신 일은 반재뿐 아니라 우리 부부에게도 너무 큰 기쁨과 감동을 주었다.

제자를 사랑한다는 것이 어떤 것인가를 삶으로 보여주신 로즈메리 선생님을 우리 아이들이 만난 것은, 아이들의 인생에서 가장 소중한 선물이며 가장 큰 축복이라고 생각한다.

그날, 선생님은 반재의 축의금으로 1천 달러의 거금을 아낌없이 선사했다. 또한, 신부 반재와 신랑 롤란드와 함께 기념 촬영을 하고, 즐거운 만찬과 흥겨운 파티까지 마친 후에 그녀는 다시 7시간이 넘는 길을 직접 운전해서 되돌아갔다. 떠나는 로즈메리 선생님의 뒷모습을 지켜보며 얼마나 고맙고 미안하던지 나는 눈시울을 적시지 않을 수 없었다.

어떻게 그런 변함없는 마음으로 아이들을 대하는 것이 가능할까? 사랑할 이유가 전혀 없는 아이들을 위해서 어떻게 그 모든 것을 희생과 사랑으로 지속해서 내어줄 수 있을까? 하나님을 향한 믿음과 헌신이 없다면, 또한 사랑이 없다면 불가능한 일이다.

로즈메리 선생님은 우리 가족에게는 영원히 잊을 수 없는 가장 소중한 한 사람으로 기억될 것이다.

주라,
그리하면
채우리라

05

나의 마지막 꿈,
양 날개로 날다

01

마침내 한국 땅으로
돌아오다

> 그 어떤 것도 우리가 의미를 부여하기 전에는,
> 아무런 의미가 없다는 것을 기억하라.
> _ 앤서니 로빈스

몽골 선교사로 사역을 하고 있을 때, 나를 아끼는 지인들로부터 이런 말을 참 많이 들었다.

"너는 왜 그런 오지에 들어가 사서 고생을 하니? 고국에 돌아와서 후배 양성도 하고 실업팀도 맡아서 감독도 하고, 그러면 외부적으로 사람들이 볼 때도 그렇고, 생활도 보장되잖아. 모든 것이 다 좋은데 왜 그렇게 고집불통이니. 뭐든지 적당하게 하는 게 좋잖아."

물론 길지 않은 인생길에서 안락하고 보장된 길을 마다한 채 일부러 험난하고 어려운 길로 가겠다고 자처하는 사람들이 과연 얼마나 있을까. 하지만 인생이 명예와 물질적 풍요만으로 다 충족될 수 있는 것만은 아니지 않은가. 만약 그렇다면 우리 삶에서 가치나 윤리, 의미, 헌신과 소명 같은 소중한 단어들은 존재하지 않았을 것이다.

안락하고 편안한 것 이상의 것을 바라보며 더 소중한 가치를 위해 조용히 희생하며 노력하는 삶은 하나님이 우리에게 요구하시는, 그리고 하나님이 기뻐하시는 삶일 것이다.

내가 남편을 만나고 함께 선교사로 헌신하기로 다짐한 이후, 내 삶은 온전히 남편에게로 초점이 맞춰졌다. 일의 경중에 있어서 나의 삶과 사역보다는 남편의 삶과 사역이 더 소중하고 가치 있는 일로 여겨진 것이다. 그것은 남편의 사역이 하나님의 일이고 다른 사람들의 영혼을 살리는 소중한 일이라는 것을 내가 믿었기 때문이었다.
그전에는 내가 앞에서 사람들의 스포트라이트를 받으며 주연으로 살아왔다면, 남편을 만난 이후에는 조연으로 조용히 뒤에서 그의 사역을 돕는 것이 의미 있고 보람되며 행복해질 거라는 것을 깨달았다.

남편이 몽골 성경을 완역하지 못한 상황에서는 나를 위한 지인들의 어떠한 조언도, 그리고 어떠한 제안도 내 귀에는 들리지 않았다. 그렇게 나는 몽골 땅에서 15년의 세월을 남편과 동역하며 하나님의 인도하시는 대로 따라왔다.

남편이 몽골어로 성경을 번역하는 사역은 우리 부부가 함께하는 소중한 사역이기도 했다. 그 일은 하나님께서 우리 부부에게 맡겨주신 소명으로 둘이 하나가 되어 힘을 합쳐야만 가능한 일이었다. 그래서 나는 남편이 몽골 성경을 완역할 때까지 남편을 돕는 것을 나의 모든 일의 우선순위에 두었다.

그렇다고 내가 소중하게 여기는 일들, 심지어 몽골에서 아이들을 돌보고 탁구를 지도하는 일들이 소중하지 않았다는 의미는 결코 아니다. 오히려 나의 이런 사역들은 남편의 사역을 돕는 마중물의 역할을 하는 데 요긴한 그릇으로 사용되었다.

또 앞서 말했지만 내가 남편을 돕는 일 가운데 가장 큰 역할은 남편의 비자 문제를 해결해주는 일이었다. 탁구 지도라는 일을 통해 우리는 비자 문제로 시간을 낭비하지 않고 몽골 성경을 완역할 수 있었다.

세상에 중요하고 가치 있는 일들이 많이 있겠지만, 한 민족이 그들의 언어로 성경을 읽을 수 있도록 돕는 일 만큼 소중한 일이 어디 있겠는가! 따라서 나는 몽골 성경을 완역하는 남편의 일은 너무도 소중하고 시급한 일이라 여겼고, 그런 중요한 사역에 나의 미력한 작은 힘이라도 보탤 수 있었다는 데에 뿌듯함과 큰 보람을 느꼈다.

그래서 몽골에서 사역을 하는 동안, 나는 단 한 번도 다시 한국으로 되돌아가야겠다는 생각을 해본 적이 없었다. 물론 현실적으로 지치고 힘들었을 때는 그런 마음이 살짝 스쳐 지나긴 했지만, 몽골 사역을 포기하고 싶을 만큼 심각한 고민에 빠지진 않았다.

곰곰이 생각해보면 내가 몽골에서 단순히 헌신만 한 것도 아니었다. 몽골에서 생활하며 나는 수많은 몽골 사람을 만나 교제하며, 이전에 내가 미처 알지 못했던 다채로운 인생을 경험할 수 있었다.

그뿐만 아니라 몽골의 문화와 역사에 대해 깊이 이해하게 되었고, 그들의 언어를 배우며 한 걸음 더 나아가 지식의 부요도 누렸다. 이것은 하나님의 일을 하면서 내가 부수적으로 얻은 엄청난 삶의 자양분이 되었고, 나의 인생을 풍요롭게 만들어준 삶의 원동력이 되었다.

내 나이 또래 한국 사람들 가운데 이렇게 유목민의 나라, 몽골이란 나라에서 고비 사막의 모래바람을 직접 체험해보고, 몽골어를 사용할 줄 아는 사람이 몇 명이나 되겠는가!

나는 몽골 고비 사막 한복판의 광야에서 내 삶을 되돌아보며 인생의 진정한 의미를 다시 한번 반추해볼 수 있었다. 황량한 모래바람 속에서 나는 외로움이 무엇이고, 방황한다는 것이 무엇이며 마음이 가난하다는 것이 무엇이고, 삶을 내려놓는다는 것이 무엇인지 뼛속 깊숙이 체득할 수 있었다.

나는 남편과 함께 하나님의 일을 하겠다고 선교사로 헌신하고 몽골 땅에서 성경을 완역하기까지 15년의 세월을 그곳에서 보냈다. 남편이 각고의 노력으로 몽골 성경을 완역했을 때의 그 기쁨이란 남편은 물론 말할 것도 없었겠지만, 나 역시 말로 표현할 수 없을 만큼 감개무량했다.

내 인생 가운데 하나님께서 맡겨주신 큰 숙제를 마친 것에 대한 기쁨과 홀가분함을 느꼈으며 동시에 자유와 보람을 느꼈다. 모든 무거운 짐을 한꺼번에 내려놓은 것 같은 가벼운 마음에 나는 말로 다 할 수 없는 기쁨과 감격에 겨워 목놓아 하나님의 은혜를 찬양하며 감사했다.

남편의 소명, 아니 우리 부부에게 하나님께서 맡겨주신 소명인 몽골 성경을 주님의 은혜로 완역하고, 마침내 꿈에 그리던 나의 아름다운 고국, 한국 땅으로 2012년 노란 개나리가 활짝 꽃피는 봄에 다시 돌아올 수 있었다.

02

나에게
준비된 일자리

> 일상을 바꾸기 전에는 삶을 변화시킬 수 없다.
> 성공의 비밀은 자기 일상에 있다.
> _ 존 맥스웰

남편이 선교지에서 몽골 성경 번역을 완역한 후에, 드디어 나는 고국 땅을 밟았다. 물론 내가 나를 위한 꽃길을 기대하고 나온 것은 아니었다. 선교지에서의 나의 임무를 완수한 후에 기쁨과 보람만을 한가득 안고 아무 준비도 없이 무작정 그리운 고국 땅을 밟은 것이었다.

비록 내 손에 들려 있는 것은 아무것도 없었지만, 나는 몽골 오지의 황량한 벌판에서 얻은 은혜를 기억하며 내 나라에서의 삶에 감사하고 감격하며 시작할 수 있을 것 같았다.

15년의 세월이 흐른 탓일까! 예전처럼 나를 기다려 주거나 나를 반겨 주는 사람들이 내 눈에 띄지 않았다. 이제 새로운 인생 3막을 걸어가야 하는데, 내가 가야 할 길은 어떤 길일지 예상하기가 힘들었고 막막했다. 누구를 만나야 할지, 어디서부터 내 삶을 시작해야 할지 몰랐다. 그리고 낯선 길을 걷는 듯해서 설렘보다는 두려움이 엄습했다.

그만큼 머나먼 이국땅에서의 긴 세월을 통해 내 나라에서도 낯선 이방인이 되어버린 것 같았다. 마치 탈북자나 조선족들이 이 땅에서 살아가되 현실 부적응자로 낙인찍혀 살아가듯, 나도 그렇게 될까 봐 지레 겁먹고 괜한 자격지심을 가졌다.

인생 1막은 탁구선수로 세계를 다니며 탁구만을 위해 탁구 인생을 살았고, 인생 2막은 선교사로 몽골 땅에서 남편과 몽골 성경 완역하는 일을 함께하며 선교사라는 이름으로 살았다. 이제 나는 선교지에서 돌아와 인생 3막을 꿈꾸며 그 길을 걷고 있다. 아직은 불분명한 나만의 길이지만, 나의 마지막 꿈을 향해 조심스럽게 발걸음을 내디디고 있다. 그러나 분명한 사실은 나의 마지막 꿈인 인생 3막은 양 날개로 날고 싶은 꿈이다. 나에게 탁구와 선교 사역은 그동안 살아온 내 인생의 양 날개라 말할 수 있다.

탁구와 선교가 어우러져 하나 된 양 날개를 가지고 남은 인생을 살고 싶은 꿈이다. 탁구와 선교, 이 두 가지는 나에게 결코 분리될 수 없는 내 인생의 양 날개였다. 이 양 날개가 지금까지도 쉼 없이 시너지를 내고 나의 인생을 높이 날도록 만들어 주었다.

나는 평생 탁구인으로 인생을 살았고, 한시도 탁구를 등질 수 없는 사람이었다. 나는 탁구를 빼놓고는 아무것도 말할 것이 없는 사람이었다. 그래서 나의 인생 3막도 하나님께서 내게 주신 재능인 탁구와 나에게 맡겨주신 사명인 복음을 전하는 사역을 위해, 두 날개를 더욱더 힘차게 파닥이며 주님의 복음과 탁구 사랑을 널리 전하는 '탁구 복음 선교사'의 삶이 되기를 꿈꾼다. 그 이유는 탁구를 통해서, 그리고 주님께 그동안 너무 많은 사랑의 빚을 지고 지금까지 살아왔기 때문이다.

한국에 돌아와서 나는 가난한 마음으로 나 자신을 내려놓고, 첫 번째 나의 진로를 위해 기도하면서 하나님의 선하신 인도하심을 간구했다. 기도하는 가운데 나는 한국 탁구의 미래인 꿈나무들을 키우는 꿈을 갖게 되었다. 그리고 아이들한테 탁구만 지도하는 것이 아니라 내가 받은 하나님의 크신 사랑도 함께 나눌 수 있게 해달라고 기도했다.

그런 후 얼마 지나지 않아 '꿈나무 청소년 감독' 자리가 마침 공석이 되어 나는 청소년 감독직 지원신청서를 제출했다. 꿈나무 청소년 감독직은 청소년 유망주를 발굴해서 국가대표 선수가 되도록 키우는 역할이었다. 이 꿈나무 청소년 팀은 우리나라의 탁구 꿈나무들을 집중 지원 육성하기 위해 만들어졌으며, 고등부 남녀 각각 16명씩 모두 32명으로 초등학생이나 중학생이라도 재능이 뛰어나면 감독 재량으로 데려다 키울 수도 있었다.

동·하계훈련과 한일 교류전 그리고 국제 대회에 참가하고, 훈련이 끝난 뒤에는 전국 각지의 학교를 찾아다니며 선수들이 제대로 성장하고 있는지 체크하고, 그러면서 숨겨진 진주도 찾는 역할까지가 청소년 감독의 역할이었다.

나는 몽골에서 초등학생들과 청소년들을 지도한 경험을 바탕으로 대한탁구협회에 지원 신청서를 제출했다. 지원 서류에는 감독으로 지원하게 된 동기를 작성하는 난이 있었는데, 나는 그곳에 '두 딸 때문'이라고 간략하게 적었다. 물론 더 큰 동기는 우리나라 미래의 차세대 꿈나무들을 더 잘 키워보고 싶은 강한 열망 때문이었다.

사실 나는 몽골에 머무는 동안 두 아이의 엄마로서의 역할을 다하지 못했다는 자책감 같은 것이 늘 가슴속 한구석에 깊숙이 남아 있었다. 반재와 윤재는 중고등학교 6년이라는 기간 동안 나와 떨어져서 대전에 있는 국제학교에 다녔는데, 그때 나는 몽골의 선교지에 머물러있어 아이들 뒷바라지를 제대로 해주지 못했었다. 아이들의 성장과정 중에서 가장 예민하다고 하는 사춘기의 청소년 시기를 아이들 곁에 함께 있어주지 못했다는 미안함과 자책감이 딸들이 다 자란 지금에도 내 마음 한구석을 늘 무겁게 짓누르고 있었다.

그래서 나는 이미 많이 늦긴 했지만 딸들에 대한 미안한 감정을 이런 방식으로라도 청소년 아이들과 시간과 공간을 공유하며 어떤 형태로든 도움을 주고, 나 또한 엄마로서 청소년기의 아이들을 경험해보며 돌봐주고 싶었다.

그런데 막상 감독이 되어 내가 처음 아이들을 만났을 때는 무척이나 어색했던 기억이 떠오른다. 아이들 앞에서 말을 해야 하는데 어떻게 무슨 말로 시작해야 할지 한참을 망설였다.

몽골에서 아이들을 지도할 때 사용하는 중국어에는 존댓말이 없어서, 우리말처럼 높임말과 반말이 구분되어 있지 않았기에 그냥 편하게 말하면 됐었다. 그런데 우리말은 그렇지 않아서 내 앞에 있는 아이들에게 존칭을 사용해야 할지, 반말을 해야 할지 몰라 한참을 망설이고 난감해했던 기억이 난다.

처음 내가 청소년 감독직을 맡게 되었을 때, 언론은 "탁구계를 떠났던 양영자가 다시 돌아왔다."라는 기사를 실었지만, 나는 그 기사에 대해 약간의 이의를 제의하고 싶었다. 왜냐하면, 나는 몽골에서도 항상 탁구 라켓을 쥐고 살았고, 한 번도 탁구계를 떠난 적이 없었으며, 늘 탁구공, 라켓 그리고 녹색 테이블과 함께했었기 때문이다.

1989년 은퇴식을 하는 자리에서, "나는 은퇴 후에 탁구 인재를 양성하는 지도자가 되겠다."고 말했던 약속을 25년의 세월이 흐른 2012년이 되어서야 비로소 내 나라 청소년들을 가르치며 지킬 수 있었다.
나에게 내 나라의 꿈나무들을 키울 수 있는 감독직을 허락해주신 하나님께 말로 다 할 수 없는 감사를 올려드렸다.

어떤 분들은 나에게 "좀 더 영향력 있는 자리도 있었을 텐데요?" 하며 아쉬움을 표하기도 했다. 내가 청소년 탁구 감독직 5년의 임기를 마치고, 초등학교 '유소년 탁구 꿈나무' 감독직을 맡았을 때도 "왜 하필이면 어린애들이냐? 네가 갖고 있는 인지도라면 잘나가는 실업팀 감독도 할 수 있을 텐데…"하며 의아해하기도 했다.

하지만 내 생각은 좀 다르다. 나는 처음부터 청소년 선수들을 가르치고 싶었고, 나에게 기회가 주어진다면 청소년들보다도 오히려 어린 유소년 꿈나무들을 꼭 가르치고 싶었다. 그 이유는 어린아이 때부터 탁구의 기초와 사람 됨됨이를 제대로 가르쳐서 실력과 인품, 그리고 신앙까지 겸비한 인재를 양성하고 싶은 것이 나의 꿈이었기 때문이다. 또 그들이 만리장성의 벽을 넘을 수 있도록 돕고 싶었다.

나는 내몽골에서 생활할 때 중국 탁구를 여러 차례 직접 경험했고, 국가대표 선수 시절에도 중국 킬러로 통하기도 했기 때문에 고국으로 돌아가면 어린 선수들부터 가르치고 싶다는 마음을 늘 품고 지냈었다.

그러기에 그 자리에 선다는 것은 내 꿈을 이루어가는 과정이었고, 나에겐 가슴 벅찬 기쁨이 아닐 수 없었다. 그래서 나는 최상의 실업팀 감독직보다, 아니 국가대표 감독직보다도 어린 유소년 감독직이 더욱 소중했고, 내 나라의 미래인 꿈나무 유소년들을 키우며 함께하는 일을 더 큰 보람과 행복으로 여기며, 나의 남은 인생도 마지막 순간까지 아이들과 함께하고 싶은 꿈을 꾸고 있다.

나는 현재 하나님께서 내게 맡겨주신 내 나라의 미래인 '꿈나무 유소년' 감독직을 가장 소중한 일로 생각하고 있으며, 기쁜 마음으로 행복하게 그 일을 감당하려고 굳게 마음먹고 있다. 더 중요하고 귀한 일이 따로 있는 것이 아니라 내게 맡겨진 일을 스스로 귀하게 여기고, 그 일에 내가 충실하고 행복할 때, 그것은 이 세상에서 가장 고귀하고 가장 소중한 일이라고 나는 확신한다.

03
얼떨결에
SBS TV 탁구 해설위원이 되다

> 사람의 얼굴은 하나의 풍경이며 책이다.
> 얼굴은 결코 거짓말을 하지 않는다.
> _ 발자크

내가 SBS TV 탁구 해설자로 방송에 처음 나가게 된 것은 2006년 카타르에서 열린 제15회 도하 아시안게임에서다. 현정화 감독이 현장에서 사령탑으로 금메달 사냥을 진두지휘하고, 나는 SBS TV 탁구 해설자로 나서게 된 것이다.

정현숙 선배가 단장직을 수행하느라 대신 내게 해설을 부탁해서 고민하다가 한 수 배운다는 생각으로 승낙했다. 당시 현정화 감독이 여자팀 전력이 좋지 않은 상황에서도 사명으로 여기고 노력하고 있었다. 그 모습이 대견해 '열사의 땅' 카타르 도하로 날아가서 현정화 감독을 많이 격려하고 응원해주고 싶은 마음이 들어서 방송 해설을 수락했다.

그런데 막상 지상파 방송에 나간다고 생각하니 올림픽 결승에 나가는 것만큼이나 긴장되고 가슴이 떨렸다. 그때만 해도 내가 몽골 오지에서 생활하고 있을 때라 TV를 보는 것조차도 쉽지 않은 상황이었는데, 그런 사람이 방송 해설자로 깜짝 데뷔를 하게 되었으니 긴장도 되고 설레는 동시에 걱정도 많이 했다.

아무튼, 나는 선수 때의 경험을 살려 TV를 보는 시청자들이 쉽게 탁구를 이해하도록 돕는 것에 주안점을 두고 평소의 나답게 약간은 긴장하면서도 차분하게 방송 해설을 진행했다.

솔직히 나는 말수가 적은 편이고 말하는 것보다는 듣는 것을 더 좋아하는 편인데, 해설위원의 위치는 말을 조리 있게 하면서 흥미롭게 해야 하는 위치라 해설을 한다는 것이 만만치가 않았다. 그런데 탁구 해설자로 방송 진행을 하고 난 후, 매스컴의 평을 보니 의외의 반응에 내가 더욱 놀랐다.

"왕년의 탁구 여왕 양영자, '따뜻한 해설' 눈길"
"양영자 '따뜻한 입심'으로 돌아오다!"
"어눌하지만 차분한 말솜씨 눈길"
"올림픽에 '빠떼루 아저씨', 아시안게임에는 '영자 아줌마'?"

내 말투가 장황하거나 화려하지 않고 오히려 약간은 어눌한 편인데 뭔가 색다른 느낌이 들어서인지 '따뜻한 해설'이라고 표현하는 것이었다. 한 신문 기사에서는 나의 방송 해설을 이렇게 묘사해 놓았다.

"왠지 보는 이로 하여금 콩닥콩닥 뛰는 가슴을 어루만져 주는 듯한 말투다. 다소 어눌하지만 가슴이 뛰어 차마 못 볼 순간에 마치 이웃집 아줌마처럼 부드럽게 해설한다.
2002년 아테네 올림픽 레슬링에서 '빠떼루 아저씨'(김영준 경기대 교수)를 연상시킨다. 어눌하면서도 또박또박, 차분하게 마음에 와닿는 해설이 닮았다. 선수가 듣는다면 절로 용기백배할 것만 같다."

"우리 편이 거푸 실책을 범하는 순간, 보통 해설은 '아, 아쉽습니다. 저러면 안 되죠. 밀리면 끝장입니다.'라며 안타까움의 열변을 토한다. 인지상정인지라 부정적인 말투가 절로 튄다. 그래서 보는 이로 하여금 덩달아 흥분시키는 경향이 강한데, 양영자의 해설은 빠떼루 아저씨처럼 듣는 이의 마음을 가라앉히면서 눈과 귀를 잡아당기는 맛이 느껴진다. 남을 돕는 오랜 선교활동에서 몸에 밴 듯 부드러운 마음과 긍정적인 사고, 양영자의 따뜻한 해설이 아시안게임에서 또 다른 감흥을 불러일으킨다."

나는 카타르 도하에서 윤소영 아나운서를 만난 적이 있었는데, 그가 기록한 글을 통해 그녀와의 만남을 새삼 추억할 수 있었고 가슴 뭉클함을 느꼈다.

"나에게 변화의 기회를 제공한 사람은 다름 아닌 양영자 선교사님이에요. 현정화 감독과 함께 '환상의 복식조'로 활약한 유명 탁구선수였던 양영자 선교사님은 안식년을 이용해 SBS 탁구해설위원으로 도하를 찾았고, 그 곳에서 나는 양영자 선교사님의 얼굴을 보자마자 그만 무엇에 끌린 듯한 느낌을 받았어요.

양영자 선교사님의 온화한 미소를 보니 위로가 되더라고요. 그래서 저도 모르게 카타르 현지에서 제 인생 상담을 했어요. 그러다 이야기 도중 선교사님이 딸과 함께 미얀마 난민촌에 봉사활동을 간다는 이야기를 들었고 저도 무작정 동행하게 됐어요. 생애 첫 봉사활동이었죠. 밥에 김치 몇 조각이 식사의 전부였지만 그나마도 현지에선 최고급 식사였어요. 큰 충격이었어요.

이후 나는 나 자신이 하고 있는 고민들이 얼마나 사치스러운 것인가를 깨달았고, 나는 월드비전으로 만난 '맘보'를 만나기 위해 얼마 전 결연 2년 만에 잠비아를 방문하게 되었어요."

나는 2012년 제30회 런던 올림픽의 SBS 탁구 해설위원으로 다시 방송을 진행하게 되었다. 그런데 매스컴에서는 "탁구의 전설 현정화 vs 양영자, 런던 올림픽 MBC, SBS 해설자로 변신해 또 다른 빅 매치, 이번에는 해설 '금메달' 사냥에 나선다."라는 등의 기사가 나왔다. 나와 현정화를 마치 탁구 해설자로 승부를 가리는 또 하나의 관전 포인트인 듯 부추기는 언론 기사를 보며 흥미로운 세상이라 생각했다.

탁구 경기가 열리는 엑셀 런던(ExCel London) 경기장에서 SBS 해설위원으로 세계 탁구의 흐름을 소개하며 우리 팀의 경기를 이전보다는 조금 더 성숙하게 바라보는 아줌마 해설로 시청자들에게 다가가려고 노력했는데, 결과는 시청자들의 몫으로 남겨둔다. 부족하고 어눌한 나를 탁구 해설위원으로 사용해 주신 하나님의 은혜에 감사드린다.

04
미래의 꿈나무들과 **함께하다**

> 학교 갈 때 아이들은 걸어갑니다.
> 집에 갈 때 아이들은 뛰어갑니다.
> 이것은 세계 어디서나 똑같습니다.
> _ 스코틀랜드 에든버러의 어느 초등학교 앞에 걸린 글

나는 한국으로 돌아와서 꿈나무들을 지도한 지 어느덧 7년의 세월이 흘렀다. 우리나라 탁구의 미래를 짊어질 주역들을 키운다는 보람과 자부심을 느낄 때도 많았지만, 내 마음 같지 않게 빨리 변화하지 않는 아이들을 대하며 심적으로 답답함을 느낄 때도 적지 않았다.

그러나 무엇보다 이 기간은 나를 훈련하고 나의 마음 심지를 더욱 강하게 단련해준 시간이었다고 생각한다. 아이들과 함께하며 내가 가장 많이 배운 것은 서두르거나 조급해하지 않고 긴 호흡으로 멀리 보고 인내하며 기다려야 한다는 것이었다.

콩나물시루에 물을 붓고 당장 콩나물이 자라지 않는다며 우물에서 숭

눙을 찾듯 조바심을 내며 서두른 내 모습을 다시 돌아보게 되었다. 당장 눈에 띄게 변화되지는 않지만 날마다 조금씩 자라가는 아이들의 모습을 마음의 눈으로 바라보며, 나 또한 포기하지 않고 끝까지 노력하기로 매일 다짐했다. 당장 큰 열매를 얻지 못한다 하더라도 말이다. 그렇게 다짐하니 내 마음이 한결 여유로워짐을 느낄 수 있었다.

그러면서 내가 아이들을 지도하고 가르쳤다기보다는 오히려 내가 그들을 통해서 더 많은 것을 배웠다는 것을 깨달았다.

아이들을 지도하면서 내 마음의 용량과 수용 범위가 넓혀졌다. 다양한 아이들을 대하면서 처음에는 이해되지 않았던 사춘기 아이들의 행동들도 지금은 이해할 수 있게 되었다. 그리고 전에는 받아들일 수도 없었던 일탈 행동들까지도 받아주고 품을 수 있게 되었는데 그저 나 자신도 신기하고 놀라울 따름이다.

아이들에게 탁구를 가르치고 훈련하면서 눈에 보이는 탁구 훈련 이외에, 눈에 보이지 않는 작은 관심과 돌봄이 의외로 중요하다는 사실을 알게 되었다. 결국, 사람을 키우는 일은 단체로 교육을 하고 훈련을 시키더라도 각자의 개성과 실력을 세밀하게 관찰하고 살펴서 맞춤형으로 필요와 관심을 적절하게 채워주어야 했다. 그래야 각자의 개성에 맞는 적절한 결실을 거둔다는 사실을 시간이 흐를수록 더욱 깊이 체감하게 되었다.

유소년의 시기는 성숙하고 완성된 어른과 달리 아직은 미성숙하고 미완성의 상태로 자신을 만들어가는 기간이라고 말할 수 있을 것이다. 어떻게 자신을 빚느냐는 자신의 몫이기도 하지만, 어떤 지도자를 만나서 누구와 함께 그의 인생을 빚어 가느냐에 따라서 그의 인생은 확연히 달라질 것이다. 즉 아이들의 삶은 저절로 만들어지는 것이 아니라 누군가가 돌보고 바로잡아 주어야 든든한 재목으로 클 수 있다는 뜻이다.

1년 앞을 내다보는 사람은 곡식을 심고, 10년 앞을 내다보는 사람은 나무를 심고, 100년 앞을 내다보는 사람은 사람을 심는다는 말이 있는데, 훌륭한 인재를 양성하기 위해서는 시간과 정성을 쏟아야 한다는 의미다.

그렇다, 미래의 꿈나무는 그냥 저절로 크는 법이 없고, 집중적인 관심과 사랑의 돌봄 속에서만 성장한다. 아이들을 지도하며 느낀 점은 내가 조금만 관심을 가지고 사랑으로 다가가면, 아이들의 눈빛은 금방 환하게 빛나고 훈련에 임하는 태도와 집중도가 현저하게 달라진다는 것이다. 이것을 나는 피부로 느낄 수 있었다.

나는 삼성(제일모직)에서 선수 생활 시절, 창업주인 이병철 회장의 인재경영에 관한 이야기를 참 많이 들었다. 그분의 인재경영 덕분에 오늘날 삼성이 세계적인 기업으로 우뚝 선 것을 나는 알고 있다.

"사람이 기본이다, 사람이 일을 한다, 사람을 잘 키워라, 인재 한 사람이 모두를 먹여 살린다." 등 수많은 어록을 쏟아낸 것을 지금도 난 기억하고 있다.

그 결과 그분 주변에는 수많은 인재가 모여들었고, 그 인재들이 오늘날의 삼성을 키웠으며 세계 시장에서도 최고의 경쟁력을 갖춘 초석을 놓지 않았던가. 그분은 한 세미나에서 이런 말을 남겼다.

"나의 일생의 80퍼센트는 인재를 모으고 교육하는 데 시간을 보냈다."

꿈나무를 키우는 보람

나 또한 대한민국 100년의 계획을 세우는 마음으로 어린 유소년 꿈나무 인재들과 함께하고 있다. 내가 꿈꾸고 있는 꿈 너머의 꿈은 유소년 꿈나무들을 지도하는 일인데 어린 탁구선수들을 집중적으로 발굴 육성하고 훈련하여 이 나라의 탁구 인재들을, 아니 세계적인 탁구 인재들을 길러내 이 나라를 세계 속의 대한민국으로 빛나게 하고 싶다.

이 나라의 탁구 인재인 유소년 꿈나무들을 발굴, 선발하고 훈련하기 위해, 나는 할 수만 있다면 이들이 최고의 환경에서 최선의 훈련을 받을 수 있도록 나의 모든 역량과 능력을 총동원하는 일을 마다하지 않을 것이다.

벌써 나는 몇 년째 나의 친구이고 중국 국가대표 코치로 25년을 활동한 중국 최고의 베테랑 탁구 코치 차오샘을 유소년 꿈나무 합숙 훈련에 참가시켜 철옹성 중국 탁구의 진수를 전수하며 우리 꿈나무들을 지도

하고 있다.

내가 중국에 머무는 동안 차오샘과 오랫동안 친분을 쌓았고, 언제든지 탁구로써 도움을 주고받는 절친한 사이가 되었다. 나는 그런 차오샘에게 복음을 전했고, 지금은 날마다 하나님을 의지하고 말씀을 묵상하는 신실한 신앙인으로 거듭나 나와 더욱 가까운 신앙의 동지가 되었다.

나는 꿈나무 선수들을 선발하기 위해, 해마다 시행되는 각종 대회의 경기 결과와 한국과학연구원의 체력 측정 결과를 토대로 남녀 16명씩 모두 32명의 꿈나무 선수들을 선발하여 인재들을 훈련하는 일을 하고 있다.

꿈나무 아이들과 공개적인 합숙 훈련을 마치고 각자의 학교로 되돌아가면, 그 이후에 내가 하는 일은 꿈나무 선수들의 각 학교를 돌며 순회 지도를 하는 것이다. 전국 각지에 흩어져 있는 32명의 유소년 꿈나무 선수들의 학교를 방문하여, 그들의 훈련 프로그램을 지켜보고, 지도자들을 만나 해당 선수의 훈련 과정을 직접 확인하고 점검하는 일이다.

순회 지도를 통해서 꿈나무들의 학교생활과 탁구 훈련 프로그램을 지켜보는 일은 선수 개개인의 내밀한 속살을 들여다볼 수 있는 기회다. 나는 이 일 또한 꿈나무들을 키우는 나의 사명으로 여기고, 아이들과 만나는 일을 기쁨으로 감당하며 전국 각지의 학교들을 탐방하며 순회 지도를 이어가고 있다.

순회 지도를 하며 다소 희망을 품게 된 사항은 현재 한국 탁구가 많이 침체되어 있어 선배 탁구선수들의 성적이 부진한 데 반해, 유소년 선수들의 탁구 실력은 체력, 정신력, 기술 등 다방면에 뛰어나서 앞으로 잘만 이끌어 준다면 이 나라를 빛낼 선수가 나올 거라는 고무적인 생각을 가졌다.

현재 한국 여자 탁구는 셰이크핸드 전형으로 바뀌면서 자기 득점원이 있는 탁구를 하지 못하고 랠리에 의존하는 양상인데, 요즘 꿈나무들은 성인 탁구보다 다소 빠르고 공격적이며 선제 탁구를 구사하는 돋보이는 선수들이 여럿 있어, 이런 장점들을 적극적으로 살려주고 변별력이 강한 탁구를 구사하도록 이끌어 준다면 한국 탁구의 미래는 희망이 있다고 생각한다.

05

탁구로 받은 사랑,
탁구로 나누어 주는 삶

> 자기가 하는 일에서 기쁨을 얻는 자만이
> 그 일에서 성공을 했다고 할 수 있다.
> _ 헨리 데이비드 소로

내가 어린 꿈나무들과 함께하며 중요하게 여기는 또 하나의 일은 탁구의 외연을 확장하기 위해 국민체육진흥공단과 한국탁구협회가 공동으로 후원하는 유명 스포츠 스타와 함께 소외된 지역의 학교를 직접 찾아가서 재능 기부를 하는 일이다.

두 기관의 후원으로 선정된 학교를 내가 직접 방문하는데, 150만 원 상당의 필요한 탁구 용품(운동화, 탁구 로봇, 탁구대, 탁구 라켓 등)을 각 학교에 전달하고, 아이들과 더불어 '양영자와 함께하는 스포츠 스타 체육교실'을 운영하고 있다. 나는 탁구로 받은 사랑을 탁구로 나누어 주는 것이 가치 있고 거기에 사명이 있다고 생각하며 그것을 감당하고 있다.

아무리 작고 사소한 일이라 할지라도 자신이 어떤 의미를 부여하는가에 따라 그것의 가치는 천양지차로 달라지고, 그 삶의 가치는 다른 사람이 결정하는 것이 아니라 본인 자신이 의미를 부여한 만큼 그 가치가 결정된다고 나는 생각한다.

그런 의미에서 어린 꿈나무들과 함께하는 나의 일들은 내 삶의 의미를 부여하는 일로서, 나를 행복하게 만들어 주는 가치 있는 일 가운데 하나이다.

내가 찾아가는 곳들은 주로 도서 산간벽지의 학교들로 문화시설이 제대로 갖추어지지 않은 열악한 환경에서 공부하는 아이들이 대다수다. 한마디로 그런 열악한 환경 속에 있는 아이들을 찾아가서 꿈을 심어주고, 소질 계발의 기회를 열어주고 싶은 마음으로 탁구를 통해 작은 힘이나마 보태려고 나의 재능을 기부하고 있는 것이다. 그리고 가능하면 나의 신앙 간증을 통해서 아이들에게 복음을 전하는 일까지 병행해서 사역을 감당하고 있다.

일단 학교를 방문하게 되면 나는 탁구 감독으로서 어린 학생들에게 탁구의 기초 지식과 기본적인 자세 익히기를 시작으로 다양한 탁구 기술인 포핸드, 백핸드, 스트로크 동작들을 지도하고, 가능하면 어린아이들이 신나고 즐겁게 탁구를 익히며 탁구에 대한 흥미를 유발하도록 이끈다.

아이들은 나에게 직접 레슨을 받으며 자신들의 꿈을 키우고, 국가대표가 되는 방법이나, 탁구와 관련한 궁금증 등을 질문하고 나누며 스포츠 스타라는 사람을 경험하게 된다. 짧은 시간이지만 학생들에게 알찬 교육 활동으로 학생들의 호응도 만족스럽고, 아이들의 호기심 어린 활기찬 반응에 내 모든 피로가 봄눈 녹듯 사라지는 것을 매번 느낀다. 몇몇 학생이 탁구교실 이후 소감을 이렇게 나눴다.

"탁구를 배운 지 그리 오래되지 않았는데 배우면 배울수록 재미가 있고, 특히 다른 사람과 경기를 하니 탁구의 재미가 더욱 느껴졌어요."(송병준 학생)

"올림픽 금메달리스트 감독님한테 탁구를 배우니 실력이 많이 느는 것 같고, 선물로 주신 탁구 로봇 덕택에 더욱 열심히 연습할 것 같아요."(어린이회장 전종진 학생)

"이번 탁구교실에서 정말 많은 것을 배웠어요. 탁구 예절과 탁구 경기방법 그리고 탁구를 좋아하는 사람들과 함께 어울렸다는 게 좋은 추억을 만든 것 같아요."(김영기 학생)

"양영자 감독님이 오신다고 해서 유튜브를 찾아보았는데 상상 이상으로 유명한 선수였고, 좋은 일도 많이 하신다고 해서 존경스러웠어요."(성건웅 학생)

'스포츠 스타와 함께하는 1일 탁구교실'의 재능 기부를 위해서 소외된 벽지 학교의 아이들을 만나러 다닌 곳이 헤아릴 수 없을 정도로 많다. 유소년 꿈나무 선수들까지 한다면 아마도 대한민국에서 나만큼 많은 학교에 다녀본 사람도 흔치 않을 것이다.

내가 도서 산간벽지의 학교를 찾아가서 아이들을 만나려면 당일치기로 다녀올 수 있는 곳들도 더러 있지만, 때론 1박 2일 또는 몇 곳을 한데 묶어 3박 4일 일정으로 다녀오는 경우도 종종 있었다. 나는 이번 주간만 해도 4곳의 초등학교를 방문해서 3박 4일 일정으로 '1일 탁구교실'을 운영하며 어린이들과 함께했다.

오지의 섬에서 추억을 만들다

내가 소외된 지역의 학교를 직접 운전해서 방문하다 보니 돌발 상황을 겪은 적도 많았고, 평생 잊지 못할 추억도 참 많았다.

한번은 시골 오지의 어떤 학교를 방문하게 되었는데 잠자는 숙소가 호텔이나 모텔도 아니고 여관이나 여인숙도 아닌, 컨테이너로 만든 묘한 집이었다. 처음에는 너무 불안하고 당황스러워 들어갈까 말까 망설이기도 했지만, 달리 방법이 없어 숙소에 들어갔는데 들어가자마자 너무 피곤해서 바로 곯아떨어졌다. 아침에 일어나서 컨테이너 숙소를 다시 자세히 살펴보니 의외로 운치가 있어 보였다. 하지만 그렇다고 하루 더 컨테이너에서 잠을 자라고 청했다면 왠지 쉽지 않았을 듯싶다.

한번은 부안에서 1시간 정도 배를 타고 섬마을 학교를 방문했는데, 배의 바닥이 온돌방으로 되어 있어, 배에 탄 사람들이 모두 누워서 가는 것이었다. 나도 할 수 없이 온돌방에 누웠는데, 서서히 배가 흔들리기 시작하더니 마치 롤러코스터를 탄 것처럼 정신없이 이리 굴러가고 저리 굴러가며 흔들리는 것이었다.

사람들은 아무렇지도 않다는 듯이 자연스럽게 데굴데굴 굴러가는데, 나는 안 굴러가려고 발버둥을 쳤다. 그 여파로 그날 섬마을 학교에 도착해서 아이들과 탁구교실을 하는 동안에도 내 몸이 계속 덜덜 떨리고 흔들려서 어떻게 탁구를 지도했는지도 모를 정도였다.

교장선생님은 이런 작은 섬마을 학교까지 찾아와 주었다고 얼마나 반가워해 주었던지 지금도 기억이 새롭다. 몇 명 안 되는 아이들이 모였는데, TV에 나온 올림픽 금메달리스트가 왔다고 신기한 눈빛으로 나를 바라보았다. 다행히 탁구교실 일정은 별 탈 없이 잘 마무리할 수 있었다.

사실 내가 그동안 다닌 탁구교실 행사 중 가장 압권은 백령도의 한 초등학교의 방문을 꼽을 수 있다. 진작부터 가야 하는 일정이었는데 그곳이 너무 오지였고 배로 가야 해서 차일피일 미루다가 결국 방문하게 되었다.

가는 날이 장날이라고 그날따라 배가 심하게 흔들렸고, 나는 뱃멀미로 아침부터 먹은 모든 것을 싹 비우고 6시간 넘게 걸려서야 거의 죽다 살아난 사람처럼 초주검이 다되어서 도착했다.

오랫동안 꺼리다가 그래도 가서 아이들에게 탁구도 가르치고 복음도 전할 심산으로 의미 있는 일이라 생각하고 방문하게 되었는데, 예상 밖의 뱃멀미라는 복병을 만난 것이었다. 왕복 12시간 넘게 배를 탔는데, 백령도에서 출발해서 인천항에 도착했을 때는 너무 어지럽고 머리가 빠개질 정도로 아프고 뱃멀미가 심해서 다시는 배는 안 탈 거라고 굳게 다짐했다. 물론 그러고 얼마 후에 또 배를 탔지만 말이다.

그래도 백령도 아이들과 탁구교실을 하고 난 후, 머리 위로 손을 올려 하트 모양을 하고 15명 정도의 꿈나무 아이들과 활짝 웃으며 찍은 사진 속의 내 모습을 보노라면, 목숨 걸고 탁구 사랑과 복음 전도를 위해 오지에 다녀온 나 자신이 조금은 대견스럽고 기특하게 느껴졌다.

나는 탁구교실을 하는 중에 아이들에게 나의 간증을 하며 복음을 전했고, 나의 간증 전도지에 직접 사인을 해주면서 부모님께 꼭 전해 달라는 신신당부도 잊지 않았다.

탁구로 받은 사랑을 탁구로 나누어 주는 일도 귀하겠지만, 탁구로 받은 사랑을 탁구도 나누어 주고 그것과 더불어 복음도 함께 나누는 일은 더욱더 값진 일이 아닐까. 아무튼, 내게도 나눌 재능과 복음이 있다는 사실이 참으로 감사하다.

06

소외된 이웃들과
함께하는 탁구

> 진정으로 위대한 사람은
> 공손하고 사려가 깊으며 관대하다.
> 어떤 상황에서 어떤 사람에게만
> 그렇게 하는 것이 아니라,
> 언제나 모든 사람에게 그렇게 대한다.
> _ 토마스 왓슨

가능한 한 나는 하나님께 받은 재능과 선물을 조금이라도 다른 사람들에게 도움이 된다면 나누고 싶다. 탁구는 내가 하나님께 받은 달란트이고 선물이기 때문이다.

그래서 나는 이곳저곳 도움을 요청하는 자리를 마다하지 않고 달려간다. 물론 나의 삶 속에서 역사하시는 하나님을 증거하는 간증 집회가 가장 많지만 그 외에는 탁구와 관련된 모임이 대부분이다.

교회 체육대회라든지, 지역 스포츠센터 행사라든지, 탁구대회 등인데 이런 곳에 참석하면 자연스럽게 탁구도 치고 팬 사인회와 사진 촬영도 한다. 이렇게 탁구를 사랑하는 이들과 함께 어울리는 것 자체가 참 즐겁고 행복하다.

내가 여러 모임 중에서도 우선순위를 두고 참석하려고 애쓰는 곳은 장애인들과 다문화가정 같은 사회적 약자들과 소외 계층 사람들의 모임이다.

얼마 전에는 안양 호계체육관에서 다문화가정 행사 중 하나인 전국 오픈 탁구대회가 있었다. 이 다문화가정 탁구대회는 선한 뜻을 가진 사람들이 전국에서 모여 경기를 할 뿐 아니라 참가비 전액을 선천적 기형으로 고통받는 다문화가정 어린이들의 수술비로 지원하는 행사다. 나에게도 의미를 더해준 뜻깊은 자리였다.

더군다나 국립중앙의료원이 다문화가정 행사에 후원을 하고 의료진들까지 나와서 당뇨와 혈압을 체크하는 등 의료 봉사활동까지 펼쳐서, 탁구대회 행사와 연계해서 선한 일들을 많이 할 수 있다는 아이디어도 얻는 계기가 되었다.

나는 오랫동안 타국 생활을 하며 이방인의 삶을 직접 경험해본 사람으로서, 다문화 이웃들이 이 땅에 뿌리를 내리고 정착하는 일이 쉽지 않다는 것을 누구보다 잘 알고 있는 사람이다.

그런데 탁구라는 매개체를 통해서 운동도 하고, 함께 어우러져 정을 나누는 모습을 보니, 다문화 이웃들이 이 사회에 동화되고 적응하는 데 탁구가 일조하고 있다는 확신도 갖게 되었다.

그 외에도 내게 요청이 올 때마다 자주 참석하는 곳이 장애인 탁구대회 행사다. 얼마 전에도 '전국 장애인 어울림 탁구대회'에 초청을 받아

그분들과 함께하며 나의 삶을 나눌 수 있어 행복한 마음이 들었다.

이 대회는 장애인들과 비장애인들이 한마음이 되어 서로 화합하고 격려하고 친목을 도모하는 자리로, 탁구를 통해서 장애에 대한 사회적 인식을 개선하고, 그들의 사회 참여를 확대하고 긍정적인 에너지를 불어넣으려는 의도에서 출발했다.

이 행사는 장애인들만의 행사가 아니라 비장애인들도 함께 참여하는 행사로, 선수단만 1천여 명이 참여할 정도로 규모도 크고 열기도 뜨거웠다. 각 지역마다 장애자 단체들이 선수들을 대동하고 참석할 만큼, 시도 별로 선수 출신의 코치들이 전문적인 훈련을 시켜서 그런지 선수들의 기량도 출중했다.

나는 장애인 탁구 대회를 앞두고 권성달 사무국장의 요청으로 안양시 장애인 탁구선수들을 두 차례 정도 방문하여 원포인트 레슨을 했는데, 그 결과 때문인지는 잘 모르겠지만 '고양시 전국 장애인 탁구대회'에 출전한 안양시 장애인 탁구팀이 단체전과 개인전에서 금, 은, 동메달을 차지하는 큰 성과를 거두는 일도 경험했다.

이번에도 안양 윌스기념병원의 의료봉사팀이 참여하여 의료지원을 펼쳤고, 장애인과 비장애인, 그리고 의료팀까지 함께 어우러지는 아름다운 모습을 지켜보며, 탁구가 주는 기쁨과 행복, 그리고 사랑이 얼마나 큰가를 다시 한번 확인할 수 있었다. 나는 그날의 축사에서 이렇게 소감을 밝혔다.

"탁구를 통한 장애인과 비장애인이 화합과 친목 도모를 목표로 개최되는 '전국 장애인 어울림 탁구대회'에 참석하신 모든 분을 진심으로 환영하고 축복합니다. 무엇보다 '어울림'이라는 말이 참 좋습니다. 장애인들과 비장애인들이 함께 탁구를 통해 어우러져 화합하고 하나가 된다는 사실이 얼마나 아름다운지요. 육체적 장애보다 더 무서운 장애는 희망을 잃고 좌절하는 정신적 장애라 생각합니다.

승패에 연연하지 않고, 정정당당하게 자신에게 부끄럽지 않게 최선의 노력을 다한다면, 그 사람은 이미 건강한 사람이라 생각합니다. 스포츠 정신은 승패를 떠나, 참여하는 과정에서 더 큰 만족과 보람, 기쁨과 즐거움을 얻는다고 했습니다. 오늘 탁구를 통해 '당신도 잘할 수 있다, 나도 잘할 수 있다.'고 서로를 격려하며 신나고 즐거운 '어울림의 한마당'이 되길 축복합니다."

지름 4센티미터, 무게 2.7그램의 새하얀 작은 탁구공이 탁구대 위를 힘차게 날아오를 때마다, 다문화 이웃들과 장애인들을 위한 따스한 사랑의 온도계도 함께 힘차게 오른다고 생각하니, 내 마음 또한 따뜻해지는 것을 절로 느낀다.

07

내 인생의 선물,
채워주시는 하나님의 은혜

> 진정한 성공이란
> 자신이 태어나기 전보다 이 세상을 조금이라도
> 더 살기 좋은 곳으로 만들어 놓고 떠나는 것이다.
> _ 에머슨

우리 각자에게 가장 귀한 선물은 무엇일까? 아마도 사람마다 받고 싶은 선물이 각기 다를 것이다. 중요한 것은 그 사람에게 필요한 것이라야 하고, 선물하는 사람의 마음이 담겨야 받는 사람 또한 기뻐하고 감동하게 될 것이다. 굳이 비싼 선물이 아니더라도 얼마든지 그 사람의 마음을 알아차리기만 하면 감동의 선물을 줄 수 있다.

추운 날 따뜻하게 해주는 장갑 한 켤레, 탁구를 좋아하는 친구를 위한 운동화 한 켤레, 꽃을 좋아하는 사람을 위한 장미꽃 한 송이 등이다. 어떤 사람에게는 그것이 한 권의 책일 수도 있다. 그 사람의 취향과 필요에 따라 선물의 종류는 각양각색으로 달라질 것이다.

진정한 의미의 선물은 그 사람에게 꼭 필요한 것을 주는 것이다. 소중한 사람일수록 아낌없이 주게 될 것이다. 선물은 돈이 있어야만 가능한 것이 아니라 돈이 없어도 얼마든지 가능하다.

오히려 따뜻한 마음으로 준비된 작은 선물이 더 큰 울림을 주기도 한다. 나를 감동시킨 천재화가 이중섭 화가의 이야기는 그런 의미에서 선물은 값이 아니라 그 사람의 진심이 담겨야 한다는 것을 알려주었다.

화가 이중섭이 하루는 몸이 몹시 아파 입원해 있는 친구의 병실을 찾았다. 친구가 병원에 입원한 지 며칠이 지난 후의 문병이라, 이중섭은 늦게 찾아온 것을 미안해하며 친구에게 도화지 한 장을 멋쩍게 내밀고는 이렇게 말했다.

"자네 주려고 가지고 왔네. 이걸 가지고 오느라 좀 늦었네. 자네가 좋아하는 복숭아야!"

이중섭은 친구가 좋아하는 복숭아를 사다 줄 돈이 없어, 대신 복숭아를 자신의 화폭에 직접 그려 정성스럽게 담아 선물한 것이다. 친구는 이중섭의 마음에 감복하며 눈물을 흘렸다.

선물은 돈이 있어야만 줄 수 있는 것이 아니다. 내 소중한 시간과 정성과 마음이 담길 때, 그것이 가장 가치 있는 소중한 선물이 되는 것이다.

나 또한 그동안 살아오면서 크고 작은 선물을 주고받았지만, 큰 선물보다는 작은 선물에 더 감동할 때가 의외로 많았다. 어떻게 내 마음을 알아차리고, 꼭 필요한 것을 선물해주었기 때문이다.

나는 올해 작은 선물이 아니라 너무도 큰 선물을 두 개나 받았다. 내가 받을 수 없는 과분한 큰 선물이라, 몸 둘 바를 모를 정도로 감사하고 감격하며 그 선물의 의미를 되새기고 있다.

내가 받기에는 지나치게 큰 선물인데도 이렇게 염치없게 어린아이처럼 기뻐하고 감동하는 것은, 늘 마음으로만 소원하며 꿈꿔왔지, 막상 이렇게 받으리라고는 미처 예상하지도 못했던 꼭 필요한 선물을 받았기 때문이다. 물론 그 선물이 어디서 온 것인지 나는 알기에 그저 겸허하게 감사할 따름이다.

하나님의 특별한 선물

첫 번째 선물은 올해 3월 3일에 하남시에서 하는 '스포츠센터 탁구교실'을 하나님께 받은 것이다. 그리고 두 번째 선물은 9월 8일에 동탄 '양영자 탁구클럽'을 받은 것이다. 6개월 간격으로 예상치 못했던 뜻밖의 소중한 선물을 받아 지금도 얼떨떨하고 기쁨과 감격이 가라앉지 않는다.

먼저 하남시의 '스포츠센터 탁구교실'은 모든 리모델링 공사를 마치고 멋지게 포장된 선물꾸러미다. 100평 규모의 탁구장인데, 탁구대가 9대 놓여있으며 직사각형으로 네모반듯하고 고가 높아 탁구장으로서는 제격이다. 탁구 치는 맛이 나는, 내 마음에 쏙 드는 탁구장이다.

더군다나 하남시 탁구교실은 내가 살고 있는 집과도 가까운 거리여서 걸어 다녀도 될 정도다. 하나님께서 이런 근사한 놀이터를 이렇게 가까운 집 근처에 예비해 놓으셨다는 사실이 꿈만 같아 지금도 믿기지 않는다.

내가 그동안 친분을 쌓고 지낸 지인들은 주로 목회자들이거나, 탁구로 만난 사람들이 대부분이다. 그래서 지인들과 만날 때면 하남 탁구장으로 오도록 해서 탁구도 치고 차도 마시고 교제도 나누는, 1석 3조의 공간이 되어 참으로 기쁘고 감사하다.

더군다나 이곳이 내가 친딸처럼 여기는 시은이의 든든한 생활 터전이 되고, 성인들과 어린 꿈나무들이 함께 어우러져 탁구로 행복해하는 모습을 지켜보노라면 "하나님, 감사합니다!"라는 행복한 비명이 절로 나온다.

하나님의 오묘하신 손길을 경험하다

또 하나의 선물은 동탄 '양영자 탁구클럽'이다. 내가 동탄의 '양영자 탁구클럽'을 선물로 받은 것은 '내 생애의 기적'이라는 표현을 쓰고 싶을 만큼 실로 어마어마한 선물이라고 생각한다.

이 '양영자 탁구클럽'을 선물로 받기까지는 말로 다 표현할 수 없을 만큼의 우여곡절이 있었고, 하나님의 개입과 역사하심이 한 편의 대하드라마처럼 펼쳐져 있다는 것을 알기에 감히 기적이라는 표현을 사용하는 것이다.

　이곳은 대지 500평에 건평이 208평으로, 총예산 47억 원이 들어간 최신식 건물이다. 9월 8일에 공사를 완료하고 모든 것이 완비된 상태로, 하나님의 이름으로 디딤교회로부터 받은 선물이다. 선물치고는 너무 큰 선물이어서 아직 마음의 흥분이 가라앉지 않은 상태다. 동탄의 아주 작은 개척교회에서, 그것도 교인 수가 불과 몇 명 되지 않는 지극히 작은 교회에서 일어난 일이기에, 기적이라는 말밖에 달리 할 말이 없다. 어떤 개인이나 어떤 기관도 이런 규모의 예산을 사용해서 개인의 이름으로 탁구장을 사용하게 해주는 기회를 만나기는 쉽지 않으리라.

　이런 일은 하나님이 감동하시고 역사하시지 않고서는 절대로 일어날 수 없는 일이라고 나는 생각한다.
　이 디딤교회를 개척한 장경열 목사님은 교육에 뜻을 품고, 아이들을 건강하게 키우고 싶은 비전을 갖고 기도하시던 중에, 장 목사님과 뜻을 같이하는 준비된 사람들을 만나서 대안학교인 '큰숲학교'를 시작하게 되었다.

　큰 숲에는 좋은 나무도 병든 나무도, 건강한 동물도 병든 동물도 모두 함께 어우러져 자라듯, 어린아이들도 비록 연약하고 재능이 부족하고 설사 장애가 있다할지라도, 모두가 함께 어우러져 건강하게 자라는 꿈을 공유한 분들에 의해서 출발했다.

이 가운데 한 분은 사업가로서 자기가 사업을 통해서 부유해지면 "100명의 고아를 키우고 싶다."라는 꿈을 지니고 계셨는데, 디딤교회를 개척한 장 목사님이 어린 꿈나무를 건강하게 키우는 '큰숲학교'를 세운다는 취지에 공감하고, 20억 원이 넘는 재정을 후원하셨다.

또 다른 한 분은 장로님으로, 장 목사님과 뜻을 같이하여 교회를 함께 개척하셨는데, 자신의 전 재산인 20억 이상의 재정을 후원하여 대안학교 사역에 동참하셨다.

이 두 분이 재정을 후원하면서 딱 한 가지 제시한 요청이 참으로 멋지다는 생각이 들었다.

"꿈나무들을 키우는 일에 이익을 남길 생각은 하지 마시고, 모든 것을 아이들에게 돌려주세요!"

그 외에도 여러 사람이 장 목사님과 뜻을 같이하고, 재정을 후원하여 '큰숲학교'가 문을 열게 되었다. 처음부터 '양영자 탁구클럽'을 생각한 것은 아니었고, 예술대안학교를 만들려고 계획을 세웠는데 함께하는 이들의 견해가 달라, 결국 의견일치를 보지 못하고 계획을 백지화했다.

그러는 와중에 장 목사님은 새가나안교회 이기동 목사님의 조언(양영자 선교사의 비전을 담아 제2의 올림픽 꿈나무들을 키우고 선교적 마인드를 가진 아이들이 자라는 큰숲학교를 만들어 보면 좋겠다는)을 따라, 스포츠센터를 건립하여 주중엔 지역주민들과 꿈나무들을 위한 '양영자 탁구클럽'으로, 주일엔 디딤교회가 예배하는 공간으로 사용하기로 방향을 전환했다.

그렇게 후원자들과도 의견 일치를 보고 건축을 진행하는 가운데, 미처 예상하지 못했던 또 다른 난관에 봉착하게 되었다. 500평의 부지를 매입하고 1차 공사를 마무리하고 2층 증축을 진행하는 과정이었는데, 갑자기 화성시에서 개발 제한 공고를 냈다. 정부에서 우리가 매입한 부지 주변 지역을 행복주택 아파트 부지로 사용하려고 개발 제한 공고를 낸 것이다.

아무도 예상치 못한 갑작스러운 일이었다. 지금까지 공들여 진행한 모든 공사도 멈추어야 하는 황당하고 절박한 상황에서 뜻을 같이했던 후원자들은 망연자실했다. 장 목사님은 하나님의 뜻과 인도하심을 구하며 40일간의 금식기도를 작정하고, 그야말로 목숨을 건 금식기도를 시작하셨다. 하나님의 강권적인 역사가 아니고서야 어떻게 국가가 하는 재개발 사업을 막을 수 있겠는가.

재정적으로 입을 손실과 꿈을 접어야 하는 절박한 상황에서, 장 목사님은 40일 동안 식음을 전폐하고 정부가 개발 제한 공고로 지정한 것을 풀어달라고 하나님께 결사적으로 매달리셨다. 그 결과 화성 시장이 주민 70퍼센트 이상이 반대하므로 자신의 임기 중에는 개발을 철회하겠다는 약속을 받아내는 기적이 일어났다.

이런 엄청난 우여곡절을 겪고, 개척교회 목사님의 목숨을 건 40일간의 금식기도 이후에야 비로소 태어난 것이 '양영자 탁구클럽'이다. 그러니 어찌 기적의 선물이라고 하지 않을 수 있겠는가.

그렇다. '양영자 탁구클럽'은 그래서 '내 인생의 최고의 선물'이고 '기적의 선물'이다.

선물을 쉽게 받을 때 우리는 그것의 고마움을 제대로 느끼지 못한다. 그 선물을 주기 위해 어떤 수고와 희생과 몸부림이 있었는지를 알게 될 때, 진정한 감사로 선물에 부끄럽지 않은 삶을 살게 될 것이다.

내가 이렇게 기적의 선물을 받은 것은 당연히 받을 자격이 있어서 받은 것이라고 생각하지 않는다. 나는 받을 자격이 손톱만큼도 없는데 오로지 하나님의 은혜로 받았으며 나는 이 선물을 위해 내가 어떤 일을 해야 하는지 알고 있다.

이 큰숲학교가 운영하는 '양영자 탁구클럽'에서 어떤 일들이 일어나야 하는지 나는 알고 있다.

장 목사님의 비전처럼, 큰숲학교에서 요셉과 다니엘과 같은 꿈을 꾸고 세상을 변화시키는 건강한 아이들이 나와야 하고, 세상 속에서 방황하고 떠내려가는 아이들까지도 끌어안고 살릴 수 있는 건강한 신앙의 재목들이 나와야 한다. 양영자 탁구클럽도 그 통로로 귀하게 쓰임 받아야 하는 것을 나는 알고 있다.

그래서 나는 기도하고 하나님의 은혜를 구하는 것이다. 나는 이곳에서 어린 꿈나무들이 탁구 캠프를 통해 건강해지는 모습과 어린 꿈나무들이 이 나라를 세계 속의 대한민국으로 빛나도록 만드는 환상을 보며 그렇게 되기를 기도한다.

나는 장 목사님으로부터 큰숲학교가 외곽으로 나오게 된 이유가 시내의 종교부지로는 스포츠센터 허가가 나오지 않기 때문이라는 말을 들었다. 결국 건강한 아이들을 키우기 위해 외곽으로 나오게 되었다는 말을 들었을 때, 그것 또한 '내 인생의 최고의 선물'을 예비하기 위한 하나님의 보이지 않는 오묘하신 섭리였다는 것을 뒤늦게야 깨달을 수 있었다.

그런 깨달음에 이르자 하나님의 크신 은혜에 절로 머리가 숙여졌다. 값으로 계산할 수 없는 너무나 엄청난 내 인생의 선물, 내가 받기에는 미안하면서도 정말 감사하고 소중한 선물을 넘치도록 채워주신 하나님의 은혜에, 그리고 지금 이 순간까지 나의 삶을 이끌어주신 하나님의 크신 사랑에 다시 한번 머리를 숙여 모든 감사와 영광을 올려 드린다.

양영자가
걸어온 길

1964년 전북 익산에서 출생하여 초등학교 3학년 때 선생님의 권유로 탁구를 시작했고, 이일여중 2학년 때 전국 탁구대회 중등부 1위, 중고 종합 1위로 2관왕을 차지하며 한국 탁구의 샛별로 떠올랐다.

1980년 이일여고 1학년 때 최연소 국가대표로 발탁되어 기흥 선수촌에 입촌한 후, 1983년 일본 세계탁구선수권대회에서 우리나라 최초로 단식 은메달을 목에 걸며 한국 탁구의 에이스로 자리매김함과 동시에 '중국 킬러'라는 별명을 얻었고, 그 해에 체육훈장 거상장을 수상했다.

1986년 서울아시안게임 단체 1위를 포함하여 4개의 메달과 1987년 뉴델리 세계탁구선수권대회 복식 1위를 포함해서 4개의 메달을 수확하며 명실상부한 한국 탁구의 대들보 역할을 감당했다.

1988년 서울올림픽대회에서 올림픽 탁구 최초로 복식 금메달을 목에 걸며, 체육훈장 최고의 상인 청룡장을 수상하였으며, 올림픽을 마친 후 1989년 은퇴함으로 한국 탁구의 전설로 남게 되었다.

그 후 모든 영광을 뒤로 한 채, 1997년 선교사로 파송을 받고 낮은 자의 삶으로 돌아갔으며, 몽골에서도 오지인 고비 사막 생샨드의 작은 마을에서 선교활동을 하며, 남편이 몽골 성경 작업을 완역할 때까지 15년간의 선교활동을 마무리하고 2012년 귀국했다.

2012년 런던올림픽 SBS 탁구 방송 해설위원으로 활동했고, 2013년 이후 청소년 탁구 드림팀 감독과 꿈나무 유소년 감독을 맡아서 활동하고 있다.

아울러 2018년 하남 탁구교실, 동탄 양영자 탁구클럽을 오픈하여 탁구를 복음의 그릇에 담아 주님의 사랑을 나누는 사역에 헌신하고 있다.

● 본문에는 출처를 확인하기 어려워 게재 허락을 받지 못한 사진이 있습니다.
저작권자를 확인하면 합당한 절차를 거쳐 사용하도록 하겠습니다.
널리 양해를 구합니다.

사명선언문

너희가 흠이 없고 순전하여……세상에서 그들 가운데 빛들로
나타내며 생명의 말씀을 밝혀 _ 빌 2:15-16

1. 생명을 담겠습니다
만드는 책에 주님 주신 생명을 담겠습니다.
그 책으로 복음을 선포하겠습니다.

2. 말씀을 밝히겠습니다
생명의 근본은 말씀입니다.
말씀을 밝혀 성도와 교회의 성장을 돕겠습니다.

3. 빛이 되겠습니다
시대와 영혼의 어두움을 밝혀 주님 앞으로 이끄는
빛이 되는 책을 만들겠습니다.

4. 순전히 행하겠습니다
책을 만들고 전하는 일과 경영하는 일에 부끄러움이 없는
정직함으로 행하겠습니다.

5. 끝까지 전파하겠습니다
모든 사람에게, 땅 끝까지, 주님 오시는 그날까지
복음을 전하는 사명을 다하겠습니다.

서점 안내

광화문점 서울시 종로구 새문안로 69 구세군회관 1층
02)737-2288 / 02)737-4623(F)

강남점 서울시 서초구 신반포로 177 반포쇼핑타운 3동 2층
02)595-1211 / 02)595-3549(F)

구로점 서울시 동작구 시흥대로 602, 3층 302호
02)858-8744 / 02)838-0653(F)

노원점 서울시 노원구 동일로 1366 삼봉빌딩 지하 1층
02)938-7979 / 02)3391-6169(F)

분당점 경기도 성남시 분당구 황새울로 315 대현빌딩 3층
031)707-5566 / 031)707-4999(F)

일산점 경기도 고양시 일산서구 중앙로 1391 레이크타운 지하 1층
031)916-8787 / 031)916-8788(F)

의정부점 경기도 의정부시 청사로47번길 12 성산타워 3층
031)845-0600 / 031) 852-6930(F)

인터넷서점 www.lifebook.co.kr